L'Europe de A à Z

abécédaire illustré

Merci à Jacqueline A., Prune Antoine, Laurence Flécheux, Teresa I., Alexander Knetig, Antonio Lindo, Robert Picht et Luis Bouza Garcia du Collège d'Europe de Bruges et de Natolin, Marie Thiel, Jérémy Tordjman et Olga Katarina Schwarz pour leurs apports ; Jérôme Clément, Marie-Laure Lesage, Adrienne Fréjacques, Isabelle Pailler, Anne Pradel, Henriette Souk d'ARTE France, Danielle Dastugue et Cécile Emeraud des éditions du Rouergue pour leur soutien ; Frédérique Bertrand et Frédéric Rey pour leur talent.
C-A. P.

Merci à Michèle Roze de la fondation Hippocrène
et Martine Méheut de l'Association européenne des enseignants (AEDE).

L'abréviation UE désigne l'Union européenne

Vous retrouverez les liens des sites et pages Internet
cités dans le livre à l'adresse : www.arte.tv/europe

Cet ouvrage a été publié avec le concours de la Région Midi-Pyrénées

Arte Éditions, 8 rue Marceau, 92785 Issy-les-Moulineaux cedex 9
Tél. 01 55 00 77 77, www.arte.tv
Éditions du Rouergue, Parc Saint-Joseph, BP 3522, 12035 Rodez cedex 9
Tél. 05 65 77 73 70, Fax 05 65 77 73 71, www.lerouergue.com

L'Europe de A à Z

abécédaire illustré

Claire A. Poinsignon
Frédérique Bertrand

arte ÉDITIONS
ÉDITIONS DU ROUERGUE

Sommaire

Préface

Pourquoi vouloir transmettre à nos concitoyens le goût de l'Europe ?

Parce qu'il est urgent de faire passer le message que l'Europe n'équivaut pas à une pile d'institutions désincarnées et de dispositifs incompréhensibles.

Et qu'au contraire, l'histoire et la culture européennes portent, imprègnent et même constituent nos sociétés, nos références et nos imaginaires, pas à pas, brique à brique, depuis des siècles. De *La Divine Comédie* aux *Souffrances du jeune Werther*, de *Don Quichotte* aux *Histoires extraordinaires*, de Hobbes à Nietzsche, de Spinoza à Foucault, de Rembrandt à Baselitz, de Bach à Dvorák, de Maria Callas à Manu Chao, de Luis Buñuel à Pedro Almodovar, nous sommes pétris de cette culture qui prit son envol à la Renaissance.

Et quand Simon Rattle dirige la Philharmonie de Berlin, que *L'Auberge espagnole* enthousiasme les foules, que Klaus Michael Grüber met en scène Jeanne Moreau ou que Tokyo Hotel remplit les stades, c'est l'Europe de la culture qui poursuit sa route, marchant dans les pas de ces illustres ancêtres peu soucieux des frontières.

Une fois conscients de leur histoire et de leur patrimoine culturel communs, on peut penser que les peuples européens s'empareront davantage du projet de bâtir ensemble une union. Grandis par le partage et l'ouverture à l'Autre, on peut espérer qu'ils dépasseront leurs inquiétudes et leur corollaire immédiat : le repli communautaire.

C'est avec cet objectif que *L'Europe de A à Z*, où se rencontrent et se répondent les textes de Claire A. Poinsignon et les illustrations de Frédérique Bertrand, a été conçu. Accessible sans être simpliste, pédagogique sans être sentencieux, documenté sans être exhaustif, cet abécédaire beau et ludique contribuera, nous l'espérons, à éveiller chez le plus grand nombre de l'envie et de l'intérêt pour « cette dernière utopie » (Daniel Cohn-Bendit). À plusieurs entrées et tout en couleurs, il est à l'image d'une Europe mosaïque, où chaque identité propre constitue une pièce du puzzle.

Juste avant de nous quitter, Bronislaw Geremek a lancé le projet d'une université européenne pour construire « l'Europe de l'intelligence ». Allons-y.

Jérôme Clément

A comme AVANT-PROPOS

**Derrière le nom de la déesse Europa, qui désigne l'Occident, se cachent des entités très différentes.
De l'Europe des géographes à celle des historiens, de l'Europe politique à celle des citoyens en passant par l'Europe culturelle, cet ouvrage arpente l'espace européen, de A à Z.**

—

« L'Europe n'est pas une formation politique dont on puisse faire commodément, utilement, une sorte d'histoire extérieure, méthodique et classique, sans question.
L'Europe est une civilisation. Et rien de plus mouvant sur terre qu'une civilisation, rien qui vive plus dangereusement, rien qui demande davantage à l'historien la faculté de s'extérioriser, de sortir de son horizon limité, d'avoir toujours un regard sur l'univers. »

—

Lucien Febvre, en introduction à un cours professé au Collège de France en 1944-1945.

—

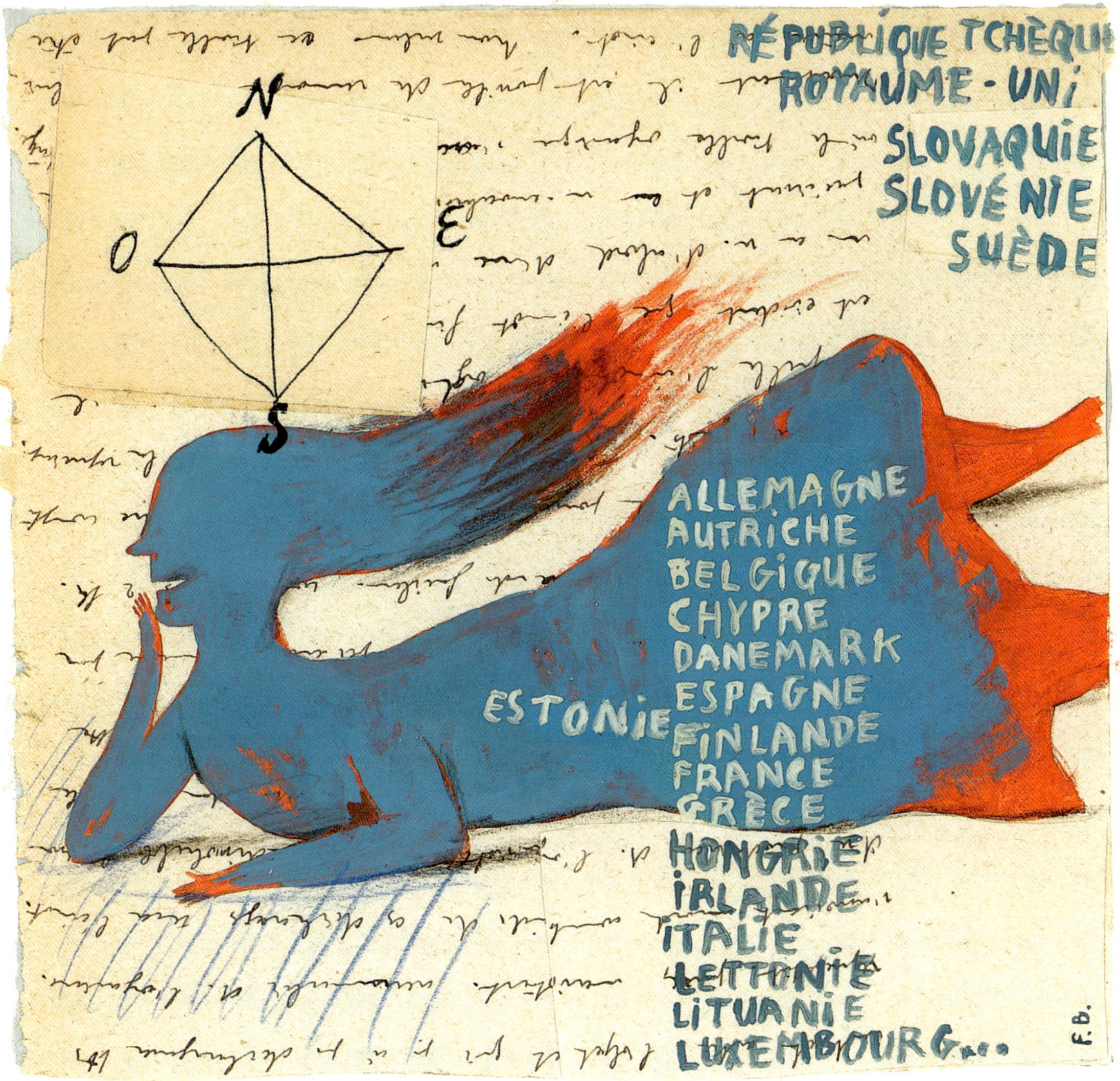
RÉPUBLIQUE TCHÈQUE
ROYAUME-UNI
SLOVAQUIE
SLOVÉNIE
SUÈDE
N
O
E
S
ALLEMAGNE
AUTRICHE
BELGIQUE
CHYPRE
DANEMARK
ESPAGNE
ESTONIE
FINLANDE
FRANCE
GRÈCE
HONGRIE
IRLANDE
ITALIE
LETTONIE
LITUANIE
LUXEMBOURG...
F.B.

A COMME AVANT-PROPOS

Qu'est-ce que l'Europe
pour les géographes, les historiens,
les penseurs, les politiques ?
Et pour ses habitants ?
En abordant ces questions sous les angles
du quotidien, du terrain
et de l'actualité pour mieux en cerner
les multiples facettes, ce parcours saisit
les mouvements plus profonds
qui en éclairent l'histoire immédiate.

Quelle Europe ?

Il n'est pas étonnant que nous ayons du mal à nous entendre quand nous parlons de l'Europe si nous ne prenons pas la peine de préciser à quelle Europe nous nous référons : *l'Europe du quotidien* ou *l'Europe réelle*. L'Europe de nos imaginaires, constituée au fil des siècles, ou *l'Europe institutionnelle*, de construction très récente et qui ne ressemble à aucune forme politique inventée jusqu'ici.
Un des premiers objectifs de cet ouvrage est de distinguer ces strates successives et ces différentes réalités. À travers vingt-six mots clés, cet abécédaire est une invitation au voyage. À la rencontre d'un territoire géographique : ses 4 376 780 km² font de l'Europe une petite presqu'île au climat tempéré et aux terres fertiles par rapport à la masse du continent eurasien, bordée par la mer Baltique, l'océan Atlantique (1), la mer Méditerranée et la mer Noire - une des façades maritimes les plus longues du monde. À la rencontre de 494 millions d'habitants, soit 116 habitants au kilomètre carré.
À la rencontre d'une histoire à la fois « *tragique et magnifique* (2) », faite de guerres «civiles », de guerres de conquêtes et de créations de l'esprit. À la rencontre d'une civilisation qui a connu un rayonnement universel sans être pour autant à l'abri du doute ou de la peur du déclin.

L'Union européenne

Sortie exsangue de deux conflits mondiaux, placée sous perfusion américaine pendant l'immédiat après-guerre, c'est grâce à une poignée d'hommes visionnaires que, en 1957, l'Europe s'est relevée. Elle a décidé de mettre en commun ses richesses stratégiques d'alors - le charbon et l'acier - pour ne plus jamais les utiliser contre elle-même, de créer un marché commun et une union volontaire d'États indépendants : l'Union européenne. Commencée à 6, la construction européenne se poursuit aujourd'hui à 27, après cinq vagues d'adhésions successives appelées *élargissements* dans le langage communautaire. Dans certains domaines, comme l'agriculture, l'aide aux régions en retard de développement, la recherche, l'Union européenne a été capable de bâtir des politiques communes. Dans d'autres, comme la défense, l'énergie, l'environnement, elle y travaille. Dans le domaine de la politique extérieure, cela se révèle parfois délicat, même si l'Europe est plus forte sur la scène internationale quand elle parvient à parler d'une seule voix.

L'Europe des citoyens

Vivre en Europe représente des réalités et des espoirs contrastés pour les Européens, encore marqués par leur histoire récente. À l'ouest, les citoyens éprouvent un sentiment d'appartenance à l'Europe bien ancré mais, habitués à vivre en paix, ils reprochent parfois à l'UE de ne pas les protéger assez contre les effets néfastes de l'ouverture de leurs économies respectives au monde extérieur, à la mondialisation. À l'est, les citoyens comptent sur l'UE pour améliorer leur niveau de vie et sur l'Organisation du traité de l'Atlantique nord (OTAN) pour assurer leur sécurité face à l'ancien grand frère russe. D'où l'importance du débat sans cesse recommencé sur l'avenir de l'Europe.

Le rayonnement de l'UE et de l'Europe dans le monde

L'Union européenne, première puissance commerciale du monde, productrice du quart de la richesse mondiale, est souvent présentée, avec quelque raison, comme un « nain politique ». Son avenir dépendra de sa vitalité démographique, économique et culturelle dans un environnement international qui n'a plus grand-chose à voir avec celui de l'après-guerre. Pour exister face à l'allié américain qui a perdu de son prestige (3), au partenaire russe qui relève la tête, aux colosses de demain - Chine, Inde, Brésil -, l'Union européenne a des atouts qui tiennent avant tout à son agriculture, à ses capacités d'innovation et à son expérience historique.
Encore faut-il qu'elle en ait pleinement conscience et qu'elle soit prête à jouer collectif dans un monde plus ouvert, instable et incertain que du temps de la guerre froide. Au lieu de se complaire dans « *la lassitude historique* », pour reprendre l'expression du philosophe roumain Andrei Plesu, et de risquer de devenir « *une sorte de musée d'histoire à ciel ouvert* », selon l'expression de Béla Kádár, ancien ministre hongrois, il lui appartient d'apprendre à regarder à la fois vers l'est et vers le sud. Rester dans la cour des grands est indispensable pour elle si elle veut plaider pour un monde plus vivable dans les instances internationales.

À lire

- Un essai, publié en 1990 : *Penser l'Europe*, collection « Au vif du sujet », Gallimard. Son auteur, Edgar Morin, est d'abord anti-européen : il voit dans la vieille Europe le foyer de l'impérialisme et de la domination. Après son rejet du stalinisme, en 1951, et un long détour par le soutien aux luttes du tiers monde, dans les années 1970, il revient à l'Europe : « *Ce qui est important dans la culture européenne, ce ne sont pas seulement les idées maîtresses (christianisme, humanisme, raison, science), ce sont ces idées et leurs contraires.* »
- Un récit de voyage écrit par un journaliste et écrivain néerlandais, épais comme un roman, *Voyage d'un Européen à travers le xxe siècle*, de Geert Mak, Gallimard, 2007.
- L'Europe vue de Bruxelles : *Pourquoi l'Europe ?*, de Thomas Ferenczi, André Versaille Éditeur, 2008.

(1) Seuls le Royaume-Uni et l'Irlande se situent au-delà de cette barrière naturelle.

(2) En référence au titre choisi par Jacques Delors, ancien président de la Commission européenne de 1985 à 1995 pour l'ouvrage qu'il a publié avec l'association Notre Europe en 2007, à l'occasion des cinquante ans du traité de Rome : *L'Europe tragique et magnifique*, Saint-Simon éditeurs.

(3) Jérémy Rifkin, *Le Rêve européen*, Fayard, 2005. Dans cet essai à rebours des thèses des « déclinologues », l'auteur défend l'idée que le rêve européen est en train de supplanter le rêve américain dans le monde.

B comme BARBARIE

Reconstruire sur un champ de ruines était le leitmotiv des Français, des Allemands, des Belges et des Italiens présentés comme les pères fondateurs de l'Europe après 1945. Plusieurs mois avant la chute du mur de Berlin en 1989, Gorbatchev a plaidé pour une Maison européenne commune, imaginée comme une réponse aux guerres et aux crimes du passé.

—

« Pour moi, c'est le même homme qui le soir joue Bach et qui le matin torture dans un camp. C'est sans doute inexplicable, mais ce qui est sûr, en revanche, c'est que les humanités n'ont pas résisté à la barbarie. La musique n'a pas dit non ! »

—

George Steiner, linguiste et spécialiste de la littérature européenne, dans un entretien au *Magazine littéraire*, en 2006.

—

LA MAISON EUROPÉENNE COMMUNE

B COMME BARBARIE

L'Europe, vieille terre de civilisation, a aussi enfanté la barbarie. Les cérémonies qui ont accompagné, en 2005, le soixantième anniversaire de la libération du camp d'Auschwitz expriment la volonté de l'Europe réunifiée d'assumer son passé.

Du «plus jamais ça» au devoir de mémoire et au droit à l'histoire

Nés tous les deux en 1945, Leopold R. et moi (1) nous sommes rencontrés dans les années 1990 à Francfort puis à Strasbourg, Berlin et Paris, dans le cadre d'un projet de formation en langues. Jamais nous n'avions abordé de front certains sujets ni fait allusion à « *ce passé qui ne passe pas* », jusqu'à cette lettre, premier échange de nos expériences d'Européens aux histoires nationales contrastées.

Île aux Moines (France), le 6 août 2005

Leopold,
À la fin de nos études, l'un comme l'autre sommes partis à l'étranger, toi en Asie, moi en Afrique. À notre retour en Allemagne et en France, mariés à des étrangers, l'Europe était pour nous une façon de ne pas nous sentir à l'étroit dans nos pays respectifs, une aventure à portée de main, la «dernière des utopies». Nous regardions vers l'avenir et n'éprouvions pas le besoin de revenir sur un passé douloureux. Pourtant, à Berlin, en 1992, quand j'ai découvert ta ville, deux ans après la réunification allemande, j'ai pris conscience tout à coup que ta mère t'avait attendu sous les bombes. Toi, tu me parlais de ton attachement pour Berlin, qui demeurait ta ville, même si tu l'avais quittée jeune. À l'époque, je ne savais pas grand-chose de la fin de la guerre du côté allemand. Je n'avais pas encore lu la «littérature des ruines», encore moins le journal anonyme tenu par une Berlinoise entre avril et juin 1945 (2). Mon ignorance remontait, à vrai dire, à l'enfance. Chez mes parents, j'avais davantage entendu parler de la guerre de 14-18 qui avait bouleversé la vie de mes grands-parents que de celle de 39-45 qui avait relativement épargné mes parents et leurs amis, même ceux qui avaient résisté. On ne parlait jamais des camps alors que j'avais une amie juive très proche dont le grand-père, originaire de Hongrie, était mort en route vers Auschwitz (3). De plus, au lycée, je préférais cent fois l'histoire des mentalités à l'histoire événementielle. J'ai ouvert les yeux sur la réalité des camps grâce à *Nuit et brouillard* au ciné-club du lycée. Et c'est beaucoup plus tard qu'un ami philosophe m'a poussée à lire Primo Levi. En revanche, c'est mon père, historien de formation et militant du Mouvement de la paix, organisation pacifiste née en 1949, dans l'ombre du Parti communiste, qui m'a initiée à la décolonisation dès la crise de Suez

À lire

- Parmi les témoignages, citons *Si c'est un homme* de Primo Levi. Militant antifasciste italien de vingt-quatre ans, Levi est arrêté en 1943, déporté à Auschwitz et libéré par l'Armée rouge en janvier 1945. Chimiste de formation, Levi décrit l'indicible avec précision. Pour lui, l'entreprise d'extermination se situe « *en deçà du bien et du mal* ».
- Jorge Semprun, *L'Écriture ou la vie*, Gallimard, 1994.
- Imre Kertész, *Kaddish pour l'enfant qui ne naîtra pas* (Actes Sud, 1995) est une ode d'une grande beauté, adressée à l'enfant qu'il n'a pas voulu concevoir, après Auschwitz.

À voir

- *Nuit et brouillard* d'Alain Resnais (1956), ARTE Vidéo, 2003.
- *Shoah* de Claude Lanzmann (1985), Why not productions, 2006.
- *De Nuremberg à Nuremberg* de Frédéric Rossif (1989), éditions Montparnasse, 2004.

en 1957. Il a aussi toujours souligné devant moi l'importance d'Hiroshima. Dès l'annonce de la nouvelle dans *Le Petit Ardennais*, le 7 août 1945, il avait pris la mesure de l'événement : « *Ce jour-là*, me répétait-il souvent, quand j'étais au lycée, *j'ai compris que l'humanité avait acquis les moyens de sa destruction.* »
La transmission de l'histoire d'une génération à l'autre - et d'un individu à l'autre - emprunte des chemins si tortueux et aléatoires que l'école et les médias ont un rôle à jouer dans la lutte contre l'oubli et le travail de mémoire.
Bien à toi,
Claire

P.S. Dans le train Paris-Vannes, alors que je suis justement plongée dans un dossier documentaire sur Auschwitz, je rencontre un Breton de Rennes qui vit en Pologne. Son entreprise, dans le secteur de la sous-traitance automobile, a délocalisé une bonne part de sa production à une vingtaine de kilomètres du camp d'Auschwitz. Il y est allé, dès son arrivée, en février 2006, sous la neige... et y a emmené, au cours de l'été 2007, ses cinq enfants pour que les plus grands sachent. Il en parle avec des mots simples et une émotion retenue. Cet expatrié me semble devenu un vrai Européen depuis son séjour en Pologne. Après soixante ans de refoulement, un dévoilement s'opère sous nos yeux. Au « *Plus jamais ça* » des visionnaires courageux des années 1950 qui ont conçu l'embryon de l'Union européenne comme gage de paix, a succédé une volonté de dire et de montrer avant que les derniers témoins vivants ne disparaissent. Ce dévoilement tardif montre aussi les conséquences souterraines d'événements comme ceux de la Seconde Guerre mondiale, de la guerre d'Algérie ou d'ex-Yougoslavie sur les générations suivantes, dans un cercle bien plus large que celui des enfants des survivants.

(1) L'auteure Claire A. Poinsignon a travaillé pour TF1 et France Culture. En 1987, elle entre à la Sept, qui deviendra Arte, pour monter des partenariats universitaires européens. Elle est aujourd'hui responsable de l'univers Européens sur le site arte.tv.

(2) Mouvement littéraire allemand d'après-guerre dont Heinrich Böll, prix Nobel de littérature 1972, et, plus près de nous, W. G. Sebald sont les représentants les plus connus. *Une femme à Berlin, Journal, 20 avril-22 juin 1945* est paru dans la collection « Témoins » chez Gallimard en 2006.

(3) Il s'agit de Benjamin Schatzman dont le *Journal d'un interné. Compiègne-Drancy-Pithiviers* a été publié chez Fayard en 2006 avec une préface de Serge Klarsfeld.

C comme COMMUNISME

Le communisme, dont l'ambition était universelle, a conquis des esprits sur les cinq continents. Mais c'est en Europe qu'est née la théorie politique communiste, c'est là où le rêve d'un homme nouveau a été si fort et là aussi où le système soviétique a fini par imploser de l'intérieur.

—

« J'ai vécu historiquement deux fois la victoire de l'improbable. D'abord, avec la défaite du nazisme en 1945, alors que la victoire allemande était probable en Europe en 1941, et puis avec l'effondrement du système communiste en 1989-1990. Le pire n'est jamais certain et "là où croît le péril, croît aussi ce qui sauve", comme le dit Hölderlin. »

—

Edgar Morin, après la parution d'*Une politique de civilisation*, en 1997.

—

C comme
COMMUNISME

Au-delà du mythe porté par des figures qui ont marqué durablement le paysage politique et au-delà des millions de victimes du système communiste en Union soviétique et dans les anciens pays du bloc de l'Est, appelés à tort démocraties populaires du temps de la guerre froide, que reste-t-il du communisme ?

Témoignage

Jacqueline A., juriste de formation, ancienne permanente syndicale aujourd'hui à la retraite, raconte son engagement communiste dans les années 1950.

« Au lycée, pour moi, le communisme, c'était la révolution russe de 1917, le romantisme révolutionnaire, la volonté de changer le monde. Ma mère, d'origine russe, avait immigré en France juste après 1917. Elle m'avait transmis une sorte de "sensibilité russe". Chez moi, ce n'était pas simple car mon père était un journaliste fasciste. Très tôt, j'ai pris conscience des mécanismes qui amènent au fascisme. J'ai milité au Centre des jeunes intellectuels et, après-guerre, j'ai adhéré au Parti communiste français (PCF). Dans la cellule de la rue du Vieux-Colombier à Paris - section locale du Parti -, se côtoyaient d'anciens résistants, des intellectuels et des gens du quartier. Il n'y avait aucune coupure entre mon métier de permanente syndicale et mon militantisme à Travail et Culture ou Peuple et Culture, proches du PC. Ce qui me séduisait dans cette vie trépidante qui a duré dix ans, c'était l'élan, le courage, le dévouement de militants extraordinaires au service des gens, la solidarité, la fraternité, le droit à la culture pour tous que nous tentions de mettre en œuvre. Mes camarades, revenant d'Union soviétique, me rapportaient des expériences positives dans le domaine de l'éducation populaire. D'autres de chez Renault, qui étaient en mesure de comparer les conditions de travail et de vie dans les deux pays, se moquaient, en aparté, du stakhanovisme (1). Et puis, en 1949, les festivités pour les 70 ans de Staline nous ont scandalisés. Le culte de la personnalité est apparu. Les gens qui "savaient" parlaient du goulag et des procès de Moscou qui ont permis à Staline d'éliminer ses adversaires. Mais la plupart d'entre nous refusaient de voir les choses en face. Pour moi, le côté négatif de cette expérience, c'est la rigidité intellectuelle, la religiosité de certains militants. Puis vint la répression de l'insurrection de Budapest en 1956 (2). Au fond de moi-même, je savais que les Hongrois avaient raison. Par honnêteté vis-à-vis de moi-même, je me suis éloignée. Ma rupture avec le Parti a été très progressive et m'a rendue triste. Je ne croyais plus que le PC était capable de changer la vie et de créer une société égalitaire libérée du règne de l'argent. »

À lire, à voir

■ Dans *L'Homme révolté*, paru en 1951, Albert Camus réfléchit à la nécessaire tension entre révolte et révolution pour éviter que cette dernière ne sombre dans la terreur et le nihilisme absolu. Sa critique du stalinisme sera sévèrement vilipendée en 1952 dans la revue *Les Temps modernes*, dirigée par Jean-Paul Sartre.

■ Czeslaw Milosz, prix Nobel de littérature en 1980, tente de jouer le jeu communiste dans la Pologne de l'immédiat après-guerre. Mais il rompt avec le régime en 1952 et écrit *La Pensée captive* (Collection « Folio/Essais », Gallimard, 2007).

■ Moins connu que *L'Archipel du goulag* d'Alexandre Soljenitsyne, première dénonciation impitoyable de l'univers concentrationnaire soviétique parvenue en Occident, *Vie et Destin*, de Vassili Grossman est un roman essentiel (L'Âge d'homme, 1952).

■ *La Foi du siècle. Une histoire du communisme*, Patrick Rotman et Patrick Barbéris, ARTE Vidéo, 2005. Documentaire à base d'images d'archives.

■ *La Vie des autres*, de Florian Henckel von Donnersmark avec Ulrich Mühe dans le rôle du personnage principal, officier de la Stasi du temps de la République démocratique allemande (RDA), TF1 Vidéo, 2007.

Le communisme : une idée européenne ?

François Furet, historien français, ancien communiste, considère l'Europe comme le « *berceau et cœur* » de l'histoire du communisme (3). Il pousse à réfléchir au double destin qu'a connu l'idéologie communiste : dans les pays du socialisme d'État, derrière le rideau de fer, les transformations économiques, sociales et culturelles affichées et mises en scène ont été accomplies à un prix surhumain. En Europe occidentale, le communisme a peu d'occasions de peser concrètement. Le Parlement européen, de ce fait, est parfois le théâtre d'un choc douloureux des mémoires : « *Il faut éduquer l'Europe occidentale*, s'est ainsi écrié le député polonais Jacek Saryusz Wolski en 2005. *Nous voulons rappeler que la défaite de l'Allemagne nazie a signifié le début de l'occupation communiste pour une moitié du continent.* » Après l'effondrement du bloc soviétique, on constate un net recul du nombre de militants et de votes communistes à l'Est comme à l'Ouest. Notons toutefois l'élection, en 2008, de Demetris Christofias à Chypre, seul chef d'État communiste au sein de l'Union européenne. Dans le reste du monde, des intellectuels ou des militants ont parfois payé de leur vie ou de l'exil leur adhésion à l'utopie communiste. Dans les années 1950, les États-Unis ont orchestré une «chasse aux sorcières » sous l'impulsion du sénateur McCarthy, qui soupçonnait tout sympathisant communiste d'espionnage pour le compte des Soviétiques. « *À Kaboul, j'avais une maison pleine de livres. J'avais tout Marx, tout Engels et tout Lénine car j'étais communiste à l'époque, mais aussi Pouchkine, Hugo, Dumas, Goethe. Sous les Talibans, j'ai choisi l'exil* », explique aussi cet ex-diplomate afghan, réfugié en France.

(1) Stakhanovisme : mot formé à partir du nom du mineur Stakhanov qui avait obtenu des records de production. Il avait été donné en exemple aux autres travailleurs pour accroître les rendements.

(2) Mouvement insurrectionnel de l'opposition hongroise au régime socialiste qui fut réprimé dans le sang par les troupes soviétiques en octobre 1956.

(3) *Le Passé d'une illusion*, essai sur l'idée communiste au XXe siècle, chez Robert Laffont/Calmann-Lévy, 1995.

D comme DÉMOCRATIE

La démocratie repose sur le respect de la liberté et de l'égalité des citoyens, un droit fondamental mais fragile. Les perspectives européennes demandent de naviguer sans arrêt des grands principes démocratiques à la réalité des nations, et des nations à l'idée d'une communauté supranationale.

—

« L'Europe est la dernière utopie pour laquelle j'ai envie de me battre.
L'Europe me fait rêver. »

—

Daniel Cohn-Bendit, dans un entretien accordé à Serge July, « Empreintes », France 5, mars 2008.

—

TRAITÉ
CONSTITUTION
?

D COMME
DÉMOCRATIE

D'après les traités européens successifs qui régissent l'Union européenne (cf. p.22-23), la démocratie est un des principes fondateurs des États membres de l'UE : c'est un des critères qu'il faut respecter pour pouvoir adhérer au club européen. Pour les citoyens, la démocratie apparaît au plan national comme une aspiration, un droit fondamental et une conquête fragiles, remis périodiquement en cause. Au plan européen, cela leur paraît une aspiration plus lointaine encore. Et pour les penseurs, la démocratie est victime d'elle-même quand elle est prisonnière de l'opinion.

Manifestations : les Européens font entendre leur voix

Lors de la crise internationale qui a précédé l'intervention militaire anglo-américaine en Irak en février 2003, d'énormes manifestations à Londres, Rome, Madrid, Barcelone, Berlin et Paris ont clairement exprimé l'opposition d'une majorité de citoyens européens à la guerre, que leur gouvernement soit prêt à suivre le président américain George Bush ou non. Le philosophe et sociologue allemand Jürgen Habermas, frappé par la simultanéité de ces événements, les a salués quelques mois plus tard dans la *Frankfurter Allgemeine Zeitung* comme « *un signal attestant la naissance d'un espace public européen.* » Deux ans plus tard, en 2005, le « non » des Français et des Néerlandais au projet de traité constitutionnel européen chargé de relancer la construction européenne est interprété par certains observateurs comme un refus d'étendre les délégations de pouvoir de l'échelon national à l'échelon européen, un retour des nations sur la scène européenne. Les succès électoraux engrangés depuis une vingtaine d'années par des formations « populistes » (1) ou « national-populistes » dont le discours s'appuie sur le rejet des immigrés et des élites « mondialisées » en seraient des signes avant-coureurs. Dans ce contexte, comment mieux comprendre les relations entre Europe et nations ?

Communauté supranationale ou fédération de nations ?

Justine Lacroix, professeur à l'Université libre de Bruxelles, rappelle que les principes fondateurs de l'Union européenne ne reposent pas sur la notion de peuple européen souverain mais sur la notion de normes. « *Au sein de l'UE, les citoyens et les États membres acceptent de respecter des normes supérieures imposées par la Communauté supranationale : il y a coexistence entre des peuples distincts* » qui restent la source de la légitimité des États qui la composent. De ce point de vue, l'utilisation du terme Constitution a été une grave erreur selon elle, parce qu'il a fait croire aux citoyens que cette Communauté supranationale voulait s'arroger des pouvoirs constituants au sens politique du terme. Dorénavant, elle imagine des espaces nationaux

ouverts les uns aux autres et aux enjeux européens, plutôt qu'un espace public européen.
Selon Marcel Gauchet, philosophe et rédacteur en chef de la revue *Le Débat*, la construction européenne a en effet désarmé les nationalistes, mais elle a aussi contribué au renforcement des identités nationales. « *L'histoire européenne se présente à nous sous la forme d'une unité de civilisation et d'une pluralité de communautés politiques similaires.* » Contrairement au rêve du nazisme, les grandes nations ne cherchent pas à manger les petites. Pour lui, aujourd'hui, l'Europe est un embryon de fédération d'États nations qui définissent des règles communes.
D'où la capacité d'attraction considérable qu'exerce cette tentative pour combiner ces deux types de gouvernement - national et supranational - auprès de nos voisins, Turquie, Ukraine, monde méditerranéen...

Une démocratie européenne toujours en construction

Pierre Manent, directeur d'études à l'École des hautes études en sciences sociales (EHESS), soutient que « *le poids des États-Unis, du monde musulman, du monde russe, de l'Inde et de la Chine fera pression sur l'Europe pour trouver un sens à ce bricolage, à cette construction.* » Les défis auxquels sont confrontées les sociétés européennes sont en effet immenses. L'incapacité des politiques à trouver des réponses à la montée générale de la précarité et aux nouvelles menaces qui pèsent sur les libertés individuelles contribue à dévaloriser la sphère politique. C'est certainement la raison pour laquelle la période historique paraît peu propice à l'émergence d'une entité européenne. Le traité de Lisbonne en prend acte, reconnaissant un plus grand poids au Parlement européen, enceinte démocratique de l'UE dont les 785 députés sont directement élus.

À lire

- Paul Magnette, *L'Europe, l'État et la démocratie. Le souverain apprivoisé*, collection « Études européennes », éditions Complexe, 2000.
- Justine Lacroix, *L'Europe en procès. Quel patriotisme au-delà des nationalismes ?*, collection « Humanités », éditions Cerf, 2004.
- Pierre Manent, *La Raison des nations. Réflexions sur la démocratie en Europe*, collection « L'esprit de la cité », Gallimard, 2006.

(1) Le populisme est un courant politique qui prétend défendre les classes populaires en s'opposant aux institutions démocratiques, aux représentants des pouvoirs établis, aux médiations traditionnelles, aux élites. Il tombe souvent dans la démagogie nationaliste et xénophobe.

LE TRAITÉ DE LISBONNE

Le traité de Lisbonne, en cours de ratification, cherche à simplifier les institutions. Mais le « non » des Irlandais en juin 2008 ralentit le processus.

—

LES INSTITUTIONS EXISTANTES

L'Union européenne n'est pas une confédération ou une fédération. Les États signataires des traités qui l'ont constituée acceptent un partage de souveraineté dans certains domaines pris en charge par des institutions communes, selon un mode de gouvernance original qui respecte la séparation des pouvoirs.

– Le Conseil européen, composé des chefs d'État et de gouvernement de l'UE et du président de la Commission européenne, fixe les orientations et donne les impulsions politiques sur les grands dossiers.

– Le Conseil des ministres (encore appelé Conseil de l'Union européenne ou Conseil) est l'instance dirigeante principale de l'UE. Il réunit les ministres compétents dans un domaine donné.

– Le Parlement européen est l'assemblée qui représente les peuples des États membres : 785 députés, élus au suffrage universel direct, y siègent. Ils se partagent entre Strasbourg, le siège officiel, et Bruxelles. Sur proposition de la Commission européenne, ils élaborent en collaboration, avec le Conseil, des propositions législatives appelées directives, selon le principe de la codécision, les amendent et les votent.

– La Commission européenne, installée à Bruxelles, est l'organe exécutif de l'UE. Elle a seule le pouvoir d'initiative en matière législative. Composée de 27 commissaires, elle agit sous le contrôle politique du Parlement européen. Pascal Lamy, ancien directeur de cabinet de Jacques Delors du temps où ce dernier était président de la Commission, aujourd'hui directeur de l'Organisation mondiale du commerce (OMC), parle d'« un trait de génie sans précédent historique de la part des pères fondateurs » dont l'objectif était de dénationaliser les propositions émanant des États et de parvenir à dégager des intérêts communs.

– Quant au pouvoir judiciaire, il appartient à la Cour de justice des Communautés européennes, sise à Luxembourg.

LE TRAITÉ DE LISBONNE VU DE BRUXELLES

La Commission européenne souligne que le traité de Lisbonne, à la différence de la Constitution, modifie les traités de la Communauté européenne et de l'Union européenne en vigueur mais ne les remplace pas. À savoir : le traité de Rome (1957) ; l'Acte unique européen (1986) ; le traité de Maastricht (1992) ; le traité d'Amsterdam (1996) et le traité de Nice (2000). Elle

insiste sur les avancées démocratiques du texte (rôle renforcé du Parlement européen et des parlements nationaux ; droit d'initiative populaire (1) ; possibilité pour un État membre de se retirer de l'Union) et sur la modernisation des institutions en vue d'une plus grande efficacité.
Valéry Giscard d'Estaing, le « père » du projet de traité constitutionnel abandonné, souligne que les juristes de la Commission ont repris les principales innovations du projet pour les réintroduire par le biais d'amendements dans les traités antérieurs : la présidence stable de l'UE au lieu de la présidence tournante (2), la Commission de taille réduite, le pouvoir législatif du Parlement étendu et renforcé, le ministre des Affaires étrangères rebaptisées Haut-représentant pour la politique étrangère de l'Union, la prise de décisions à la double majorité, celle des États et celle des citoyens et la Charte des droits fondamentaux (3).

LA RATIFICATION DU TRAITÉ DE LISBONNE

Signé par les chefs d'État et de gouvernements, en décembre 2007 à Lisbonne, le traité de Lisbonne est en cours de ratification. Pour des raisons institutionnelles ou politiques, vingt-six États membres ont choisi de le faire par voie parlementaire. Seule l'Irlande est tenue, par sa Constitution, de le soumettre à l'approbation des électeurs. 53, 41 % des électeurs irlandais ont voté contre sa ratification en juin 2008, avec un taux de participation de 53, 13 %. (Le projet de traité constitutionnel de 2005 avait été ratifié par dix-huit États mais rejeté par les Français et les Néerlandais).
Les chefs d'État et de gouvernement, réunis à Bruxelles une semaine après ce vote, ont voulu laisser du temps au gouvernement irlandais pour proposer une sortie de crise à l'Union, si possible avant les élections au Parlement européen de juin 2009. Après le « non » irlandais, le président tchèque Vaclav Klaus et le président polonais Lech Kaczynsky, connus pour leur euroscepticisme, ont manifesté l'intention de ne pas ratifier le texte. La partie diplomatique s'annonce rude.

LES PISTES À EXPLORER POUR L'AVENIR

Jean-Claude Juncker, le Premier ministre luxembourgeois, qui est le doyen du Conseil européen, veut tenir compte du « non » irlandais, tenter de trouver des arrangements avec l'Irlande qui ne remettent pas en cause la substance du traité et, sinon, se résigner à une Europe à plusieurs vitesses.
Hubert Védrine, ancien ministre français des Affaires étrangères, voit plutôt le salut dans un changement de méthode : abandonner la voie de l'intégration – que refusent les peuples – et privilégier celle de la construction de politiques communes qui défendent les intérêts des Européens dans la mondialisation.

(1) Une pétition recueillant un million de signatures de différents États membres sera en mesure de demander à la Commission de présenter de nouvelles propositions.

(2) Pour le moment, la présidence de l'UE est assumée tous les six mois par un État membre différent. De juillet à décembre 2008, c'est au tour de la France, suivie en 2009 par la République tchèque puis par la Suède.

(3) À l'occasion de cette renégociation, les symboles de l'Union – le drapeau aux douze étoiles disposées en cercle, symboles d'unité, de solidarité et d'harmonie entre les peuples européens, la devise « Unie dans la diversité », l'hymne emprunté à la neuvième symphonie de Beethoven – sont passés à la trappe. Et l'entrée en vigueur du nouveau mode de calcul de la majorité qualifiée a été reportée à 2017. Enfin la Charte des droits fondamentaux est un texte à part que le Royaume-Uni et la Pologne refusent de respecter.

E comme ERASMUS

Érasme (Desiderius Erasmus Roterodamus), humaniste et théologien, est né en 1469 à Rotterdam et mort en 1536 à Bâle. Cette figure de la Renaissance, dont se réclame le programme universitaire européen, véritable « fabrique d'Européens », est bien l'ancêtre des étudiants Erasmus d'aujourd'hui, à quelques détails près...

—

Les étudiants Erasmus sont « la preuve la plus authentique du visage humain, culturel et visible d'une Europe trop souvent décrite comme une entité abstraite, lointaine et sans âme. »

—

Romano Prodi (Italie), alors président de la Commission européenne, à Bruxelles, 2001.

—

UNIVERSIT

E comme
ERASMUS

Erasmus,
le programme d'échanges universitaires,
créé par la Commission européenne
en 1987, a permis à 1,5 million d'étudiants
de partir à l'étranger
dans le cadre de leurs études.
Et il en a fait rêver des millions d'autres,
sans parler des copains et de leurs familles.
C'est le seul programme financé
par Bruxelles qui soit devenu,
après la sortie du film *L'Auberge espagnole*
en 2001, une sorte de mythe.

D'Érasme...

Érasme s'initie aux beaux-arts, à la littérature latine et à la peinture dans un monastère, en Hollande. En 1492, l'année où Christophe Colomb découvre l'Amérique, il est ordonné prêtre mais il obtient de deux papes successifs une dispense pour envoyer la soutane aux orties. À vingt-six ans, il réussit à s'enfuir du monde clos du couvent en qualité de secrétaire latin de l'évêque de Cambrai qu'il doit accompagner en Italie.
À la dernière minute, l'évêque annule son départ. Érasme en profite pour prendre du bon temps en chemin, tout en s'adonnant à l'étude des classiques latins et religieux avec passion et en travaillant à son premier ouvrage - *Antibarbari* - qui traite de la lutte contre l'ignorance, l'arrogance et la folie humaine. Mais l'évêque de Cambrai renonce définitivement à son voyage (cf. V, p. 102-105).
Il n'a donc plus besoin de secrétaire.
Maintenant qu'il a goûté à la liberté, Érasme ne veut plus y renoncer.
Il feint avec ardeur l'ambition de poursuivre ses études religieuses à Paris et obtient une bourse de son protecteur pour ce faire, bourse si maigre qu'Érasme qualifie son bienfaiteur d'« *antimécène* » !
Au collège Montaigu, au Quartier latin à Paris, l'absence d'hygiène est détestable, la nourriture exécrable et les règles ascétiques imposées aux religieux l'isolent de ses camarades laïcs qui mènent une vie joyeuse. En plus, il trouve l'enseignement de la scolastique insipide. Il tombe malade. Après une brève convalescence, il renonce à devenir docteur en théologie. Il décide de ne pas retourner au « *collège vinaigre* » et de donner des leçons à de jeunes étudiants fortunés - anglais et allemands - pour subvenir à ses besoins.
Des années durant, il préfère se contenter de dons, voire d'aumônes, plutôt que de dépendre des puissants. Cela ne l'empêche pas de parcourir la Hollande, l'Angleterre, l'Italie, l'Allemagne et la Suisse. À trente ans, en Angleterre, il se sent enfin dans son élément. Il tourne définitivement le dos à la discipline à laquelle il a été soumis dans sa prime jeunesse, il apprend à monter à cheval, à chasser, à se vêtir avec élégance et il devient l'ami de personnages de premier plan comme le juriste Thomas More et le jeune roi Henri VIII.
Cependant, après la découverte salutaire de l'Angleterre, il ne s'y fixe pas.
Érasme est bien, comme le souligne

Zweig, le premier Européen et le premier cosmopolite conscient. Toute sa vie, il combat le fanatisme, sous toutes ses formes, religieux, national, philosophique. Il refuse de reconnaître la prépondérance d'une nation sur une autre et préfère s'adresser aux élites de chacune d'elles en latin, langue dont il fait la langue commune de l'Europe cultivée, la seule qui vaille à ses yeux. Cet humaniste idéaliste croit dans le pouvoir de la culture pour consolider la paix et la civilisation face à la guerre et à la barbarie (cf. B, p.10-13). Au plus fort de sa controverse avec Luther, l'adversaire qui lui ravit la première place dans le cœur de ses contemporains, il campe sur ses positions et ne cède rien.

... à Erasmus

Né de la volonté de renforcer la dimension européenne de l'enseignement supérieur et de la recherche en encourageant les échanges et en stimulant la mobilité enseignante et étudiante, le programme Erasmus a fêté ses vingt ans en 2007. Il est passé de 11 pays participants à 31 aujourd'hui : les 27 membres de l'Union auxquels s'ajoutent l'Islande, la Norvège, le Liechtenstein et la Turquie. Depuis 1987, 220 000 étudiants français sont allés étudier « ailleurs », la France arrivant en tête des pays les plus appréciés par les étudiants européens, avec l'Allemagne, l'Espagne, l'Italie et le Royaume-Uni. Le projet Erasmus mundus permet même d'accueillir des étudiants d'autres coins du monde. Plusieurs responsables européens, dont Jean-Pierre Jouyet, le ministre français chargé des Affaires européennes, voudraient multiplier au moins par dix le nombre d'étudiants qui bénéficient d'une bourse Erasmus et élargir le programme, dans les années à venir, aux apprentis.

Faits & chiffres

- Le programme Erasmus concerne, en France :
  – 21 561 étudiants étrangers en France
  – 20 519 étudiants français à l'étranger
  dans toute l'Europe :
  – 120 000 étudiants par an
  – 1,5 million en vingt ans.

À lire

- Stefan Zweig, *Érasme*, Grasset, 2003.

À consulter

- Le site du musée de la maison d'Érasme à Bruxelles en anglais, français, latin et néerlandais : http://www.erasmushouse.museum/

- Le site touteleurope.fr a publié un dossier spécial pour les vingt ans d'Erasmus avec une carte sur la mobilité des étudiants d'un pays à l'autre : http://www.touteleurope.fr/

- Le magazine européen en sept langues créé par d'anciens étudiants Erasmus : www.cafebabel.com

F comme FRONTIÈRES

Chaque élargissement de l'Union européenne soulève la question de ses frontières.

—

« Sans élargissement continu, nous courrions le risque
de l'instabilité sur notre propre continent.
L'élargissement est l'instrument stratégique
le plus important pour propager les valeurs
sur lesquelles la coopération européenne est fondée. »

—

Frederik Reinfeldt, premier ministre suédois, en marge d'une rencontre au Parlement européen, en février 2008.

—

ISTANBUL

F COMME FRONTIÈRES

Le mot «frontière» vient du latin *frons* et a d'abord eu un sens militaire en désignant le «front» d'une armée. C'est à partir de la fin du XIVe siècle qu'il prend le sens moderne de « *limite d'un territoire qui en détermine l'étendue* » (Le Robert). Géographiques, culturelles, politiques, les différentes frontières dessinent une Europe en construction.

Le «sentiment de frontière»

En voyage, le sentiment de franchir une frontière entre deux pays est parfois net mais peut aussi constituer un simple glissement. Claudio Magris, né à Trieste, ville autrefois austro-hongroise, occupée en 1945 par les partisans yougoslaves et aujourd'hui italienne, parle très justement de l'ambivalence de la frontière : « *La frontière est double, ambiguë : parfois c'est un pont pour rencontrer l'autre, parfois une barrière pour le repousser* (1). »

L'Europe politique : ouvrir et fermer les frontières

Depuis 1957 et la création de la Communauté économique européenne (CEE), l'Union européenne a connu cinq élargissements successifs. Ses frontières intérieures ont été abolies pour créer une zone où les personnes peuvent circuler librement. Appelée espace Schengen, du nom du bourg luxembourgeois situé à la frontière entre l'Allemagne et la France où ont été signés les premiers accords en 1985, cette zone regroupant au départ 5 pays puis 13, s'est ouverte fin 2007 à 9 pays d'Europe centrale et orientale et concerne désormais 24 États (2). La coopération policière s'appuie sur une banque de données partagée pour assurer les contrôles aux frontières extérieures de l'Union (cf. I, p. 42-47). Aujourd'hui, les opinions publiques éprouvent le besoin de marquer une pause face aux futurs élargissements, au risque de décourager les pays candidats comme les Balkans et la Turquie. D'autres pays européens - la Suisse, l'Islande, la Norvège - tiennent, eux, à rester en dehors de l'UE. Ce double mouvement d'attraction-répulsion montre bien que la question des frontières de l'Union n'est pas seulement géographique et historique. Elle est avant tout politique.

Tracés géographiques et identités politiques

Dans son livre *L'Obsession des frontières* (Perrin, 2007), Michel Foucher, géographe et diplomate, réaffirme combien les frontières sont nécessaires à toute construction identitaire, qu'elle soit personnelle ou géopolitique. Les langues, les religions et les croyances, les grandes familles du droit génèrent chacune des frontières différentes. En Europe, *« plus les frontières politiques perdent le rôle de barrières, plus elles jouent un rôle structurant, plus elles gagnent en signification. »* À ses yeux, *« l'Union a besoin de s'affirmer à partir de ses valeurs et de ses intérêts, mais aussi d'une identité claire et d'une assise territoriale assumée. »* À partir de là, il passe en revue trois scénarios possibles : le scénario américain qui privilégie une Union européenne allant jusqu'à la frontière russe ; un scénario où l'UE coïnciderait avec l'ensemble du Conseil de l'Europe, créé en 1949, qui regroupe la Turquie, la Russie, l'Ukraine, les pays du Caucase et les Balkans. Et puis un scénario qui prône des frontières temporaires et stabilisées afin de concilier une pause institutionnelle et la poursuite de la diffusion des acquis de l'UE. Car chaque nouveau membre a envie de faire entrer ses voisins (cf. la Slovénie et les Balkans) et aucun de nos voisins orientaux n'a envie de se retrouver rejeté. Michel Foucher conclut : *« Pour un géographe, les "frontières ultimes" de l'Union tiennent à sa politique - ses décisions. »* Il convient d'inverser la méthode et de ne pas se préoccuper du tracé des limites de l'UE mais de définir un projet géopolitique.

À voir

■ *Le dessous des cartes*, ARTE Vidéo, octobre 2008.
Jean-Christophe Victor s'interroge sur la nouvelle donne européenne, quatre ans après l'élargissement de 2004.
Au sommaire :
– Cinquante ans d'Union européenne
– Pour ou contre l'adhésion de la Turquie
– L'Europe agricole, une nécessité ?
– Migrations, les fausses menaces
– Vers des transports durables
– Un gazoduc sous la Baltique
– La Roumanie
– Belgique, vers l'éclatement ?
– Le Kosovo, confetti européen
– Une Union pour la Méditerranée
– L'OTAN, nouvelle donne.

À lire

■ Jean-Christophe Victor est aussi l'auteur de deux atlas géopolitiques : *L'Atlas du dessous des cartes*, avec Virginie Raisson et Frank Tétart (ARTE Éditions-Tallandier, 2005) et *L'Atlas d'un monde qui change* (ARTE Éditions-Tallandier, 2007).

(1) Extrait du chapitre « De l'autre côté, Considérations sur la frontière », in *Utopie et désenchantement*, collection « L'Arpenteur », Gallimard, 2001.

(2) L'Allemagne, la Belgique, la France, le Luxembourg et les Pays Bas appartiennent à l'espace Schengen depuis 1985 ; l'Italie, l'Espagne, le Portugal, la Grèce, l'Autriche, le Danemark, la Finlande et la Suède depuis les années 1990 ; l'Estonie, la Hongrie, la Lettonie, la Lituanie, Malte, la Pologne, la Slovénie, la Slovaquie et la République tchèque depuis décembre 2007. Deux États non membres de l'UE - l'Islande et la Norvège - se sont associés aux accords et la Suisse doit bientôt les rejoindre.

TURQUIE, LES DESSOUS D'UNE CANDIDATURE

Depuis presque 50 ans, la Turquie frappe à la porte de l'Europe, mais l'Union européenne réserve encore sa réponse et l'éventuelle entrée de la Turquie dans l'UE fait toujours débat.

—

HISTORIQUE

La Turquie est un cas à part parmi les pays candidats à l'Union européenne. Sa première demande d'association à la Communauté économique européenne (CEE), ancêtre de l'Union européenne remonte à 1959. Le traité d'association signé à Ankara en 1963, mentionnait déjà la « possibilité d'une adhésion à la Communauté. » Walter Hallstein, démocrate chrétien allemand, alors président de la Commission de la Communauté économique européenne, invoquait, lors de la signature du traité, la géographie et l'histoire des derniers siècles, les réformes d'inspiration « radicalement européenne » d'Atatürk et les « rapports constitutionnels » établis avec la Communauté européenne, pour déclarer à trois reprises « la Turquie fait partie de l'Europe. » « Et un jour, ajouta-t-il, le dernier pas sera franchi : la Turquie sera membre de plein exercice de la Communauté. » En 1987, la Turquie a fait acte de candidature à la CEE ; en 1995, elle a signé un accord d'union douanière, obtenant alors le statut de candidat à part entière, lors du sommet européen d'Helsinki en décembre 1999. Enfin, la décision d'ouvrir des négociations en vue d'une éventuelle adhésion a été prise par les chefs d'État et de gouvernement de l'UE fin 2004. Et les négociations ont démarré en octobre 2005. La Turquie avait pris comme une promesse les propos de

Walter Hallstein et ces délais paraissent bien longs mais certains font valoir que l'adhésion à la Communauté économique de 1963 n'a plus grand-chose à voir avec l'intégration dans l'Union européenne d'aujourd'hui. Le paysage politique en Turquie, la toile de fond institutionnelle en Europe et l'état du monde ont considérablement changé dans l'intervalle. Les raisons géographiques, historiques, démographiques, économiques, sociales et culturelles ne manquent pas d'alimenter le débat.

LES RELATIONS DE LA TURQUIE ET DE L'UE

Géographiquement à cheval sur l'Europe et l'Asie, à l'image d'Istanbul sa capitale économique et culturelle, la Turquie possède seulement près de 3% de son territoire en Europe. Cependant elle fait partie du Conseil de l'Europe depuis 1949 et de l'Organisation du traité de l'Atlantique Nord (OTAN) depuis 1952... Héritière d'une histoire grecque, chrétienne, romaine, byzantine et ottomane, la Turquie moderne, fondée sur l'effondrement de l'Empire ottoman et laïcisée par Kemal Atatürk à partir de 1924, est aujourd'hui peuplée de près de 70 millions d'habitants. Elle en comptera plus de 80 millions en 2015, à l'heure où l'Allemagne, pays actuellement le plus peuplé de l'Union, amorcera son déclin démographique. Le pays est pauvre mais dynamique avec un taux de croissance soutenu (5,7% en 2006), ce qui explique en partie la nette victoire du Parti de la justice et du développement (AKP) du Premier ministre Recep Tayyip Erdogan aux élections législatives de juillet 2007. C'est ce parti islamiste devenu partisan d'une ligne modérée, qui, au lendemain de sa victoire, a réaffirmé sa volonté européenne et réformiste. Sur la scène intérieure, certaines réformes de l'AKP, comme par exemple la légalisation du port du voile dans les universités ont fait du bruit. Ainsi, la Cour constitutionnelle a engagé une procédure d'interdiction de l'AKP en mars 2008, processus qui pourrait aboutir à l'interdiction d'exercer un mandat politique pendant cinq ans pour plus de 70 membres dirigeants du Parti au pouvoir.

CE QUI DIVISE LES MEMBRES DE L'UE

Les partisans d'une identité européenne « homogène » sont réticents à l'égard de l'entrée de la Turquie dans l'UE dont la population est musulmane à plus de 90%. À quoi les tenants d'une vision plus stratégique répondent que l'Europe a besoin pour sa sécurité de la Turquie, au contact direct du Moyen-Orient, de la Méditerranée, du Caucase et de l'Asie centrale. La question turque est sensible, complexe et divise citoyens et responsables politiques européens, au risque de décevoir les Turcs les plus impatients de rejoindre l'Union.

G comme GUTENBERG

À l'heure de la révolution numérique, l'écrit se découvre une seconde jeunesse : Internet est un formidable stimulant pour la production et l'échange de textes et d'images. Face à ce réseau planétaire et tentaculaire qui se développe tous azimuts, quel rôle l'Europe peut-elle jouer ?

—

« Internet est le nouvel outil le plus puissant que nous ayons pour stocker et partager l'information [...] alors, utilisons-le pour rendre le contenu des bibliothèques et des archives européennes accessible à tous. »

—

Viviane Reding (Luxembourg), commissaire européenne responsable de la société de l'information et des médias, le 30 septembre 2005 à Bruxelles.

—

G comme GUTENBERG

L'invention de l'imprimerie par l'Allemand Gutenberg au XVe siècle a modifié de fond en comble la transmission des textes sacrés, du savoir et des idées en Europe puis dans le monde. Aujourd'hui, nous manquons encore de recul pour mesurer toutes les conséquences de l'irruption d'Internet dans nos vies, depuis les années 1990. À une époque où « communication » est un maître mot et où l'exigence d'une démocratisation de l'information est planétaire, quelles garanties offrent les nouveaux moyens de partager les connaissances et les idées ?

Les citoyens de la démocratie numérique

Surfant sur la vague et la vogue des sites de partage de vidéos d'amateurs, des blogs et de ceux qui réinventent le journalisme avec leurs lecteurs, le magazine américain *Time* a attribué le titre de « *personnalité de l'année 2006* » à « *vous* », c'est-à-dire à chacun d'entre nous, individus et citoyens qui appartenons à « *la nouvelle démocratie numérique* ». Le philosophe slovène Slavoj Zizek porte un regard critique sur ce choix. Méfions-nous de ne pas devenir « *une monade* (1) *communiquant en temps réel avec la Terre entière* » mais « *qui ne rencontre que des simulacres virtuels* », sans réalité et sans substance ! « *Tout comme le café décaféiné a le goût et l'odeur du café réel sans en être, ma cyberidentité, le "vous" que je vois là, est [...] un moi décaféiné* », écrit-il dans une tribune du quotidien *Le Monde* à propos de l'initiative de *Time*. En dehors de cette réflexion à laquelle nous invite Slavoj Zizek, le magazine *Time* pose aussi la question des enjeux d'un mode de communication réellement démocratique, dans lequel chacun peut intervenir, quel qu'il soit et où qu'il soit, à partir du moment où il dispose d'un ordinateur et d'un accès à Internet.

Une encyclopédie à géométrie variable

Lancée aux États-Unis, en 2001, par l'Américain Jimmy Wales, l'encyclopédie en ligne Wikipédia, multilingue et gratuite, connaît un succès qui ne se dément pas, malgré les critiques qu'elle suscite de la part de certains professionnels. Son nom vient du nom du logiciel Wiki - qui permet d'éditer une page web facilement - et des deux dernières syllabes du mot *encyclopedia* en anglais. Rédigés par des contributeurs volontaires, ses articles sont d'une qualité variable, au dire des universitaires et des spécialistes de l'édition. Son slogan, « *Si vous voyez une erreur, ne vous plaignez pas et corrigez-la* », est à prendre au pied de la lettre. Néanmoins, l'ensemble vaudrait les données fournies par l'*Encyclopedia Britannica*, considérée comme la référence... Elle annonçait 80 millions de visites en 2005 et compte plus de 8 millions d'articles en anglais, allemand, français et dans 200 autres langues dont plus de 550 000 articles en français en 2007.

L'actuelle présidente de la Fondation Wikimedia, Florence Devouard, est une Française de quarante ans, ingénieure agronome de formation. Depuis son village du Puy-de-Dôme, elle pilote l'entreprise qui arrive en sixième position dans l'univers de la deuxième génération du Web - dit Web.2 - derrière des réussites planétaires comme Google et Yahoo. Sa méthode de management est simple : elle réunit toutes les six semaines les membres du conseil d'administration - trois Américains, deux Néerlandais et un Allemand - bénévoles comme elle, et ils ne se séparent pas avant d'avoir réglé les problèmes de développement auxquels ils sont confrontés. (Les réunions sont tournantes, afin que ce ne soient pas toujours les mêmes qui traversent l'Atlantique).

À consulter

- L'exposition virtuelle sur « Tous les savoirs du monde » sur le site de la BnF : http://expositions.bnf.fr/savoirs/index.htm

- La présentation du projet Europeana : http://www.touteleurope.fr/ http://www.europeana.eu/

- Pour apprendre à croiser l'information et à vérifier les sources, le site de méthodologie Cerise (Conseils aux étudiants pour une recherche d'information spécialisée efficace) : http://www.ext.upmc.fr/urfist/cerise/

- Tournée vers les avant-gardes européenne et mondiale, la bibliothèque de sons, de textes et d'images, UbuWeb, sur le site d'un amateur d'art américain Kenneth Goldsmith : http://www.ubu.com

À lire

- Barbara Cassin, *Google-moi, la deuxième mission de l'Amérique*, collection « Banc public », Albin Michel, 2007.

Une bibliothèque universelle

Quel écrivain n'a pas rêvé d'une bibliothèque de tous les livres ? À l'ère numérique, ce rêve reste toujours impossible, mais le partage des textes est devenu une évidence grâce aux progrès techniques. Suite à l'annonce, fin 2004, du projet de Google de numériser et mettre en ligne plusieurs millions de livres issus de bibliothèques américaines et anglaises, Jean-Noël Jeanneney - alors président de la Bibliothèque nationale de France (BnF) - a répondu en janvier 2005 par un article dans *Le Monde*, « Quand Google défie l'Europe », pointant l'enjeu politique que représente le projet de Bibliothèque numérique européenne (BnuE). En réponse à la demande de six chefs d'État européens, les institutions de l'Europe ont adhéré à l'idée d'une bibliothèque numérique européenne (BnuE). Depuis 2006, la Commission européenne met concrètement en œuvre l'« Initiative 2010 - bibliothèques numériques ». Le prototype de la BnuE doit être présenté en novembre 2008, lors de la présidence française de l'Union européenne. En France, c'est la BnF qui a reçu en mai 2006 la responsabilité du projet de BnuE au niveau national et qui a développé un prototype de bibliothèque numérique, appelé Europeana, en collaboration avec les bibliothèques nationales de Hongrie et du Portugal.

(1) Monade : terme utilisé par les philosophes grecs pour désigner une unité parfaite, repris par le philosophe allemand Leibniz au XVIIe siècle.

H comme HAPPY END

L'industrie du cinéma aime
les histoires formatées
qui se terminent bien mais laisse
aussi la place à une vision différente
du septième art,
au nom de la diversité culturelle.

—

« Pied à pied, en Europe, à travers le monde,
se battre pour le "droit des peuples à disposer de leur propre imaginaire",
selon la belle expression de Claude Miller et Claude Lelouch.
Refuser la logique de l'uniformisation
qui se cache derrière le vocable aimable de la "convergence".
Ensemble, les Européens pèseront davantage à la table des négociations.
Ensemble, mais différents, uniques et singuliers.
C'est cela, la force de l'Europe. »

—

Jack Lang (France), ancien ministre de la Culture, dans un point de vue intitulé
« Sauver les cinémas nationaux d'Europe », paru le 15 mai 1999 dans le journal *Le Monde*.

—

H COMME
HAPPY END

Face à l'implacable concurrence des superproductions américaines, le cinéma européen résiste tant bien que mal et son cinéma d'auteur fait preuve d'une étonnante vitalité. Soutenu énergiquement par l'Union européenne, le cinéma européen mise sur la diversité des genres et des auteurs, c'est là sa plus grande richesse. Les efforts de l'UE visent aussi à favoriser une plus grande fréquentation des salles. Les Européens vont au cinéma en moyenne deux fois par an.

Qualité et vitalité de la création

Dans les années 1950, face au déferlement des films produits par les studios d'Hollywood sur le Vieux Continent, les grands maîtres du cinéma européen, Luis Buñuel, Robert Bresson, Roberto Rossellini ou encore Ingmar Bergman, ont trouvé en Europe un terrain d'expression pour leur génie et leur style. Aujourd'hui, ce berceau des grands courants fondateurs du cinéma demeure le foyer du cinéma d'auteur. À Cannes, Berlin, Venise, grands festivals internationaux, « *maillage d'un réseau planétaire où peut exister un cinéma différent* (1) », il prouve encore sa vivacité. Depuis 1996, neuf palmes d'or ont été décernées à des réalisateurs européens, dont les frères Dardenne (Belgique), pour *Rosetta* (2002) et *L'Enfant* (2005), le Danois Lars Von Trier pour *Dancer in the Dark*, avec l'Islandaise Björk, en 2000, et le Français Laurent Cantet pour *Entre les murs* en 2008 (2). On constate aujourd'hui une grande vitalité et toujours la même énergie déployée au service de la création : en Allemagne, le cinéma connaît un nouvel élan, appelé par certains la « nouvelle vague ». Citons aussi l'exemple de ce jeune cinéaste roumain, totalement inconnu, Cristian Mungiu. Il a réussi, en dépit du dénuement cinématographique de son pays, à tourner un film exigeant et sans concession, *4 mois, 3 jours et 2 semaines*, qui a reçu la palme d'or à Cannes en mai 2007. Ce prix est aussi la preuve d'un renouvellement, signe que la jeune garde des quatre coins de l'Europe se tient prête, avec le Bosniaque Danis Tanovic *(No Man's Land)*, l'Allemand Tom Tykwer *(Cours, Lola, cours)*, le Turc Nuri Bilge Ceylan *(Uzak, Les Climats)*, le Russe Andrey Zvyagintsev *(Le Retour, Le Bannissement)* ou le Germano-Turc Fatih Akin *(Head On, De l'autre côté)*.

Production, distribution et circulation

Le nombre de films produits et réalisés dans l'UE augmente chaque année et dépasse celui des États-Unis depuis l'an 2000 : on en compte 921 en 2007. Les films nationaux attirent davantage de spectateurs, sans faire néanmoins, à l'exception de la France, plus de 30 % des entrées... Cette amélioration est due au succès de grosses productions telles *Les Bronzés, Trois amis pour la vie* de Patrice Leconte (France) et *Le Parfum, histoire d'un meurtrier* de Tom Tykwer (Allemagne), bien placées dans le box-office des films distribués en Europe. Pour le cinéma d'auteur, il est nettement

plus difficile de se faire une place.
Un film comme *La Mala Educacíon (La Mauvaise Éducation)* de l'Espagnol Pedro Almodovar, distribué dans 20 pays, fait partie des exceptions. Seules les œuvres d'une quarantaine d'auteurs européens circulent effectivement en Europe. Le fait que les œuvres voyagent mal hors de leurs frontières nationales reste problématique : le marché est limité et le public privé de l'occasion de découvrir des films qui tranchent avec le style dominant.
À l'est de l'UE, en Pologne, en Hongrie, en Roumanie et en Bulgarie, l'offre se concentre majoritairement sur les superproductions hollywoodiennes. C'est sans aucun doute le point faible du cinéma européen et l'enjeu qui en découle est vital : d'après Russell Banks, l'unité américaine est née de ce « socle commun » de représentation qu'a été le cinéma des premiers temps (3). Il ne s'agit pas aujourd'hui de s'opposer au cinéma américain mais de laisser place à l'expression de tous les styles de cinéma, et de permettre l'éducation du regard, de la sensibilité...

Le rôle de l'UE

Depuis 1991, l'UE soutient la création et la circulation de milliers d'œuvres, dans le cadre du programme Media, dont le budget a presque doublé depuis. Il couvre 31 pays en Europe, soutient environ 300 films par an, cofinance plus de 100 festivals et subventionne un réseau de 597 salles de cinéma, réparties dans 30 pays, qui se doit de consacrer un tiers de ses séances à des films européens.
Le Conseil de l'Europe dispense également des aides à la production et à la distribution à travers le Fonds de soutien Eurimages. Les efforts faits au plan européen pour soutenir la distribution des films sont relayés ou non au plan national par des organismes comme le Centre national de la cinématographie (CNC) en France, d'où certaines disparités. Celles-ci ont une incidence sur le prix du billet de cinéma qui varie selon le type de salle et le type de film, après négociation de l'exploitant de la salle avec le distributeur du film. Face aux lois du marché, l'Europe du cinéma ne pourra exister qu'en s'appuyant sur le potentiel artistique de ses œuvres et de ses auteurs qui demeurent son meilleur atout.

À lire

■ *Atlas du cinéma 2007*, hors-série des éditions des Cahiers du cinéma. Toute l'actualité cinématographique mondiale de l'année 2007.

À voir

■ *Cinéma de notre temps*, coffret de 6 DVD édité par MK2. Une collection unique de documentaires sur les plus grands réalisateurs de ce siècle, dont Manuel de Oliveira ou Aki Kaurismäki.

(1) Fabian Maray (coord.), *Visages du cinéma européen*, éditions du Félin, 2003. Vingt portraits de réalisateurs d'aujourd'hui, dont les frères Dardenne, Lars Von Trier, ou encore Danis Tanovic.

(2) Salué pour son caractère universel, le film, adapté du livre éponyme de François Bégaudeau paru en collection « Folio » chez Gallimard, avait été acheté par 43 pays avant même de recevoir la palme.

(3) Russell Banks, *Amérique notre histoire*, Actes Sud-Arte Éditions, 2007.

I comme IMMIGRATION

L'Europe continue d'être un «eldorado» pour les étrangers poussés sur les chemins de l'exil, à la recherche d'une vie meilleure.

« Lorsqu'une personne quitte son pays pour s'installer
dans un autre pays, on dit qu'elle émigre.
Une fois installée dans son nouveau pays d'accueil,
elle devient immigrée. [...]
L'immigré irrégulier, c'est celui qui a quitté son pays légalement, qui est entré en France légalement, mais qui est resté en France [ou en Europe]
au-delà du délai autorisé par son titre de séjour. »

—

Sami Naïr, *L'Immigration expliquée à ma fille*, Seuil, 1999.

—

EUROPE

I COMME
IMMIGRATION

Qu'ils soient aujourd'hui
en première ligne face au Sud,
comme l'Espagne et l'Italie,
légèrement en retrait comme la France,
l'Allemagne et la Suède,
ou qu'ils profitent de l'ouverture
de leur marché du travail aux émigrés de l'Est,
comme le Royaume-Uni et l'Irlande,
tous les États membres ont pour priorité
de contrôler les flux migratoires
légaux et illégaux,
y compris la Pologne et la Roumanie,
devenus des pays d'émigration.

Ancienne terre d'émigration, l'Europe est devenue un espace d'immigration

Entre 1800 et 1930, 60 millions d'Européens ont émigré. Ils ont quitté leur pays pour l'Amérique du Nord, principalement. Et, entre 1945 et 1973, date du premier choc pétrolier, les capitaines d'industrie, en mal de main-d'œuvre non qualifiée, sont allés chercher au Maghreb, en Afrique noire et en Asie du Sud-Est 20 millions de candidats à l'immigration - mâles et célibataires - vers les pays européens. La dislocation des empires coloniaux néerlandais, anglais, belge et français puis le regroupement familial ont grossi ces flux. Après la chute du mur de Berlin et l'effondrement de l'ancien bloc de l'Est, l'Europe occidentale a connu une nouvelle immigration venant d'Europe centrale et orientale - flux qui s'est renforcé après l'adhésion de plusieurs de ces pays à l'Union européenne entre 2004 et 2007. Aujourd'hui, les migrations s'effectuent donc principalement du Sud vers le Nord et de l'Est vers l'Ouest. L'Union européenne compte 41 millions d'immigrés, selon la source Eurostat, avec 1,6 million de nouveaux venus en 2007.

La France et l'Allemagne, principales destinations des personnes en quête d'un travail et des réfugiés politiques à la recherche d'une terre d'asile dans les années 1980-1990, ont cédé la place à l'Espagne (700 000 immigrants), à l'Italie (450 000) et au Royaume-Uni (300 000).

Maîtriser les flux migratoires et lutter contre l'immigration clandestine

Les États européens sont conscients de la pression migratoire qui s'exerce à leurs frontières. Leur objectif est de maîtriser les aspects économiques de l'émigration des pays de l'Est vers ceux de l'Ouest et des mouvements migratoires du Sud vers le Nord mais aussi les aspects humains de ces migrations qui remettent en cause des équilibres antérieurs au sein des sociétés et touchent à l'identité nationale.
Il apparaît nécessaire, au plan national comme européen, de mettre en place des politiques réalistes qui permettent la régularisation des sans-papiers, sans attirer de nouvelles vagues de migrants, et qui favorisent l'intégration et l'assimilation de ceux qui le désirent, sans alimenter le mépris, la peur, le racisme et la xénophobie, toujours prêts à resurgir, et éviter les surenchères nationalistes de la part des partis d'extrême droite.

Dès 1995, dans le cadre de la mise en œuvre de l'espace Schengen (1), les États européens ont tenté de mettre en place un contrôle accru aux frontières de l'Union et se sont dotés, en 2004, d'une agence chargée de la coopération de la police aux frontières extérieures : Frontex. De plus, l'UE apporte désormais son assistance à des pays limitrophes comme l'Ukraine, la Libye ou le Maroc, pour maintenir les candidats à l'immigration irrégulière dans des centres de rétention de six à dix-huit mois maximum (2). Ces dispositifs, encadrés par une directive votée en juin 2008 par le Parlement européen, suscitent de vives polémiques. Car ils visent davantage les individus sans défense que les passeurs ou les réseaux mafieux qui se cachent derrière eux.
Le « *retour volontaire* » et « *l'expulsion* » autorisés par cette directive, baptisée par certaines organisations non gouvernementales (ONG) « *directive de la honte* », a aussi un coût : 13 000 euros par clandestin expulsé vers le Mali par exemple. Dans le Pacte sur l'immigration et l'asile qu'elle a proposé à ses partenaires, avant la présidence française de l'UE de juillet à décembre 2008 (3), la France

suggère d'instaurer un visa biométrique (4) d'ici 2011 et de renforcer les moyens de l'agence Frontex. Cependant, de l'aveu même de Michal Parzyszek, porte-parole de Frontex, dans un entretien accordé en mai 2008 à Babel International (5) : « *Ce n'est pas la surveillance des frontières qui va faire disparaître les clandestins.* » Les responsables politiques les plus lucides savent que la répression ne suffira pas à endiguer les flux. Seule une politique de mobilité et de développement y parviendra. D'ailleurs le texte français reconnaît que « *la solution aux problèmes liés à l'immigration passe par le développement des pays d'origine.* »

Pour une politique de mobilité et de codéveloppement

Les efforts mis en œuvre par l'Espagne en matière de codéveloppement constituent une source d'inspiration pour définir une politique d'immigration au plan européen qui ne s'appuie pas uniquement sur la dissuasion et la répression. « *L'Europe a besoin d'une politique migratoire,* reconnaît le géographe Michel Foucher (cf. F, p. 28-33). *Cette politique migratoire devrait être une politique de mobilité, respectueuse du besoin d'aller et venir entre pays d'origine et pays d'accueil selon les différents âges de la vie. Songez qu'il y a cent vols quotidiens entre la France et le Maroc. Ces vols ne transportent pas que des touristes.* » Et Philippe Perchoc, président de Nouvelle Europe (6), d'ajouter : « *Si les gens pouvaient circuler, ils ne deviendraient pas clandestins pour forcer la porte d'entrée de l'espace Schengen, quitte à perdre tout droit au retour.* » L'écrivain suédois Henning Mankell, qui vit six mois de l'année en Suède et les six autres au Mozambique, prend le problème par l'autre bout : « *J'ai un rêve simple : construire un pont entre le Maroc et l'Espagne. Nous savons bien que nous avons besoin de ces immigrants* (7) » (cf. p. 64-65). De toute façon, le codéveloppement exige de vrais transferts de fonds entre le Nord et le Sud. À la hauteur de l'apport que représentent les sommes envoyées par les immigrés dans leur pays d'origine qui, d'après le Fonds monétaire international (FMI), dépassent souvent le montant de l'aide internationale accordée à leur pays.

Contrôler les migrations internes à l'UE

Dans le même temps, les pays baltes, la Pologne ou la Bulgarie voient partir, impuissants, des ouvriers qualifiés, des cadres et des professions libérales, attirés par les salaires supérieurs

de l'Ouest. Exception : la République tchèque attire plus de nouveaux résidents que la France. Pour éviter un trop grand afflux de migrants venant de l'Est, des mesures restrictives ont été prises après l'élargissement de 2004, par certains États membres - Allemagne, Autriche, Belgique, Danemark, France, Pays-Bas - à l'égard des nouveaux États membres, en particulier envers la Pologne.
La France a décidé en mai 2008 de lever ces mesures vis-à-vis des Polonais, désormais traités comme tous les autres citoyens de l'Union.
Le Royaume-Uni, qui n'est pas signataire de l'accord de Schengen, a au contraire adopté, en 2004, une politique d'ouverture vis-à-vis des émigrés des pays d'Europe centrale et orientale mais, en 2007, au moment de l'entrée de la Roumanie et de la Bulgarie dans l'Union, il a donné un tour de vis inverse. L'espace de « liberté, sécurité et justice » que l'Union voudrait être, sera jugé sur les solutions qu'il préconisera et mettra en place, face aux flux migratoires qui s'annoncent du fait, entre autres, des changements climatiques, à l'intérieur comme à l'extérieur de ses frontières.

À lire, à voir

- Sami Naïr, *L'Immigration expliquée à ma fille*, Seuil, 1999.

- Le site de la Cité nationale de l'histoire de l'immigration à Paris : http://www.histoire-immigration.fr/

- Le site du réseau Éducation sans frontières qui lutte pour la scolarisation des enfants de migrants, quelle que soit la situation de leurs parents : http://www.educationsansfrontieres.org/

- Le texte de la conférence prononcée par l'écrivain catalan Juan Goytisolo à l'Institut européen de la Méditerranée (IEMed), à Barcelone, en septembre 2004.

- *Le Dernier Caravansérail – Odyssées* (DVD Arte vidéo, 2006) Ariane Mnouchkine a elle-même adapté pour le cinéma la pièce qu'elle avait créée en 2003 au Théâtre du Soleil, sur ceux qu'on nomme étrangers, réfugiés, clandestins, migrants et qui, eux, s'appellent des voyageurs.

(1) L'espace Schengen garantit la libre circulation des personnes, donc des travailleurs (cf. F, p. 28-33).

(2) La durée est de 32 jours en France.

(3) La France fait d'une « *immigration choisie et concertée* » l'une des priorités de sa présidence.

(4) À l'image de ce qui est pratiqué aux États-Unis, le visa biométrique permet de stocker les empreintes digitales et la photographie du porteur de visa dans une puce, et d'enregistrer ces données dans une base centralisée.

(5) Association fondée en 2001 par des étudiants Erasmus de l'Institut d'études politiques (IEP) de Strasbourg. Elle édite un magazine participatif en ligne, www.cafebabel.com, en sept langues.

(6) Association fondée en 2004 pour sensibiliser les lycéens et les étudiants aux enjeux de l'élargissement à travers un site Internet (www.nouvelle-europe.eu) et des Cafés européens.

(7) *Le Nouvel Observateur* du 10-16 janvier 2008.

J comme JOURS FÉRIÉS

Des fêtes religieuses remises
au goût du jour par les gens
de marketing aux fêtes plus récentes,
d'inspiration militante ou politique,
les jours fériés rythment
le calendrier des Européens
et sont aujourd'hui synonymes
de repos et de loisirs.

—

« Ces vacances sont filles du vide, mais on a tôt fait de les remplir ; d'autres sont filles de la fête (*Ferien*) mais tendent à l'oublier. »

—

Dictionnaire culturel en langue française, Le Robert, 2005.

—

J COMME
JOURS FÉRIÉS

Comme le souligne le Dictionnaire culturel du Robert, les sociétés développées sont passées de la notion de vacance aux vacances : du singulier au pluriel, du vide au plein... Historiquement nées d'un mouvement social, elles se sont imposées comme un véritable phénomène de société. Reflet d'une culture européenne à la fois commune et variée, les jours fériés sont eux aussi avant tout... des jours chômés !

Jours fériés, jours de fête

Noël, Pâques, la Pentecôte - les fêtes chrétiennes communes au catholicisme du Sud et au protestantisme du Nord (cf. Y, p. 116-119) - rythment l'année de tous les Européens tandis que la commémoration des victoires militaires des uns, a, en revanche, un goût de défaite pour les autres.

Le 6 décembre, la Saint-Nicolas.
En Allemagne, en Autriche, en Belgique, aux Pays-Bas, dans le nord de la France, en Alsace et en Lorraine, la Saint-Nicolas continue d'être fêtée, en attendant Noël. Les immigrés hollandais ont emporté avec eux aux États-Unis la tradition de Sinter Klaas (qui devient Santa Claus). Un siècle plus tard, il revient en Europe sous les traits du Père Noël et livre en traîneau, dans la nuit de Noël, jour de la naissance de Jésus, des cadeaux aux enfants dans la plupart des pays européens. Les enfants espagnols, eux, attendent leurs cadeaux jusqu'au 6 janvier, jour de l'Épiphanie, férié en Espagne, qui célèbre l'arrivée des Rois mages - Balthasar, Gaspard et Melchior - venus à Bethléem pour adorer le nouveau Messie.

Le 8 mars, la Journée internationale des femmes.
« *Fêtées une journée, exploitées toute l'année* », entendait-on dans les manifestations de femmes dans les années 1970, après Mai 68. À l'origine, la Journée a été proposée en 1910 par Clara Zetkin, militante féministe appartenant à l'aile gauche de la social-démocratie allemande, pour servir « *en premier lieu la lutte pour le droit de vote des femmes* ». Mais cette Journée n'a pas connu de date fixe pendant des années. En 1921, la jeune Union soviétique l'a fixée au 8 mars, en souvenir de la révolution de février 1917, amorcée par une grève des femmes du textile à Saint-Pétersbourg. C'est cette date que choisiront les socialistes au pouvoir en France en 1981.

Fête du Travail

La fête du Travail, instituée après la Révolution française, s'adresse à l'ensemble des travailleurs. D'abord fixée au début de l'année, elle est déplacée au 1er Mai, après des manifestations pour la journée de 8 heures aux États-Unis, en 1886, et un an après l'appel solennel de la Deuxième Internationale, à Paris, revendiquant l'aménagement de la journée en trois parts égales : travail, sommeil, loisirs… Dès 1920, le 1er Mai devient une journée chômée en Union soviétique. En France, c'est pendant l'occupation allemande, pour rallier les ouvriers au régime de Vichy, que cette journée, désignée comme la fête du Travail et de la Concorde sociale, devient chômée. En 1947, après la Libération, le gouvernement fait du 1er Mai un jour férié et payé mais c'est la coutume qui le désigne comme une fête légale.

Les congés payés : des acquis sociaux aux vacances

En 1936, le Front populaire a institué en France les congés payés. Avec le recul, ces premières vacances, qui ont permis aux ouvriers juchés sur des tandems de découvrir la mer, apparaissent dans l'imaginaire collectif comme un acquis social majeur. Depuis, même si les Français ne sont pas égaux devant les congés payés - près d'un Français sur deux ne part pas en vacances -, ce phénomène de société a engendré un nouveau secteur d'activité : le tourisme. Avec ses destinations phares, ses formules de rêve ou ses formules tout compris, ses modes - les chambres d'hôtes et le tourisme vert - et ses chassés-croisés redoutables de fin juillet-début août. Les sept pays du monde qui ont cinq semaines de congés payés par an sont tous européens. Ce sont l'Autriche, le Danemark, la Grèce, la Finlande, la France, le Luxembourg et la Suède. Devant le Royaume-Uni et la Hongrie (20 jours), le Brésil (15 jours), les États-Unis (14 jours), le Japon (entre 10 et 20 jours) et la Chine qui ferme le ban avec 5 à 15 jours, selon l'ancienneté. Si l'on ajoute aux congés les jours fériés, les Finlandais arrivent en tête, et si l'on prend en compte les RTT (1), alors les Français sont champions du monde toutes catégories. Comme la France est aussi la première destination touristique au monde, il y a là une «exception française » à cultiver et un vrai filon à exploiter. Gilbert Trigano, fondateur du Club Méd, savait d'expérience qu'initier les Japonais à prendre des vacances, c'était du boulot ! Que dirait-il aujourd'hui devant le mouvement qui commence à gagner la Chine…

(1) Jours de congés supplémentaires accordés dans le cadre de la réduction du temps de travail à 35 heures hebdomadaires, à partir de 2000. Cette durée légale du travail a été remise en cause par le ministre du Travail, Xavier Bertrand, en mai 2008.

À lire

■ *Les Lieux de mémoire*, sous la direction de Pierre Nora, tome I, La République, collection « Quarto », Gallimard, 2001. Dans le chapitre « Commémorations », Christian Amalvi étudie le 14 Juillet, jour de la fête nationale française, comme « un lieu de mémoire » qui incarne l'histoire de la nation. En 1880, lorsque les députés républicains cherchent une date « glorieuse » comme fête nationale, ils songent naturellement à la Révolution française dont ils se sentent les héritiers. Mais quel moment fort de la Révolution mettre à l'honneur ? Ils retiennent la prise de la Bastille, symbole de la liberté opposée à l'Ancien Régime. En prolongement, cf. le texte de Mona Ozouf sur la devise *Liberté, Égalité, Fraternité*, tome III, section « De l'archive à l'emblème », chapitre « Identifications ».

■ Jean-Marie Pelt, *Variations sur les fêtes et saisons*, collection « Thèmes et variations », éditions Le Pommier, 2000.

K comme KINDER, KÜCHE, KIRCHE (*)

(*) Enfants, cuisine, église

Désormais rétives
à cette prescription,
les femmes européennes
ont changé et ce changement
a transformé la société.

—

Le mot « femme » vient du latin *femina*, femelle, femme
[cf. le roumain *femeie*, une racine indo-européenne qui veut dire téter
et qui a donné aussi *felix*, heureux].
Sur le radical latin ont été formés féminiser, féminisme, féminité, féminitude.

—

KINDER, KÜCHE, KIRCHE

L'expression des trois K, attribuée à Guillaume II en Prusse, au XIXe siècle, assignait leur place aux femmes allemandes. L'idéologie qui la sous-tendait a dominé en Europe jusqu'en 1968, qui a représenté un grand tournant. Sous l'effet de multiples facteurs - matériels et culturels -, les femmes ont modifié ce destin tracé d'avance. Des changements qui ont entraîné des mutations dans la société tout entière.

Femmes d'aujourd'hui

Michelle Perrot, internationalement reconnue pour ses apports à l'histoire des femmes (1) a brossé un portrait à grands traits du modèle de la femme européenne des années 2000 *« en bonne santé », « instruite », « active », « reconnue comme sujet de droit », « juridiquement égale de l'homme »,* y compris dans la famille, *« libre », « citoyenne ».*
Un changement rapide qui s'explique grâce à la conjonction de trois facteurs majeurs, outre le rôle joué par les mouvements féministes depuis le XIXe siècle : la pilule contraceptive en 1961 qui va permettre aux femmes de maîtriser leur fécondité, la légalisation de la contraception et le droit à l'avortement qui révolutionnent les relations entre les sexes ; le développement du travail salarié féminin dans toute l'Europe ; une percée politique *« inachevée et inégale ».* Mais les femmes demeurent vulnérables, soumises à des formes de violence particulière.
Le premier procès retentissant pour viol collectif en France date de 2002. On remarque par ailleurs, dans les quartiers à forte population immigrée, un choc entre les traditions et les valeurs des parents, et les modèles véhiculés par l'école, la publicité, la télévision, qui prive les jeunes filles des droits les plus élémentaires dans l'espace public.

Dans les autres pays européens

La situation française est *« latine sous l'angle politique », « nordique »* pour le taux d'activité des femmes (près de 64 % en 2005 contre 74,5 % des hommes) et *« quasi irlandaise »* pour le taux de fécondité des femmes (deux enfants par femme en 2006), résume Michelle Perrot. En France, la loi Veil pour le droit à l'IVG, date de 1975. Chypre, l'Irlande, Malte et la Pologne continuent d'interdire l'avortement tandis que le Portugal a modifié sa législation pour l'autoriser en mars 2007.
Le congé de maternité, quant à lui, est de 14 semaines minimum dans l'UE. En France, aux Pays-Bas, en Espagne et au Luxembourg (16 semaines), il est supérieur à celui accordé en Allemagne et en Belgique (15 semaines) mais inférieur à celui de la Finlande, la Grèce, l'Irlande, du Portugal et du Royaume-Uni (18 semaines), d'Italie (20 semaines) ou du Danemark (28 semaines). Les Allemandes envient aux Françaises leurs crèches et leurs

écoles maternelles. Chez elles, faute de politique familiale et d'équipements pour la petite enfance, depuis la chute du national-socialisme, le taux de natalité est très faible (1,35 enfant par femme) et 60 % des femmes diplômées renoncent à la maternité. À l'arrivée au pouvoir d'Angela Merkel, venue d'Allemagne de l'Est, où toutes les femmes travaillaient sous le régime communiste et confiaient leurs enfants à des structures collectives, l'État fédéral s'est décidé à agir. En 2007, la hausse du salaire parental d'éducation a eu du succès, y compris auprès des jeunes pères, et, pour la première fois depuis 1997, le nombre des naissances a augmenté. Ailleurs, à diplômes égaux ou supérieurs (désormais 55 % des étudiants dans l'UE sont des étudiantes), les femmes sont plus touchées par le chômage que les hommes et gagnent en moyenne 15 % de moins.

À lire

■ Simone de Beauvoir, *Le Deuxième Sexe*, première édition 1949, collection « Folio », Gallimard, 1986. Pour sa thèse centrale et sa postérité incroyable en Europe, aux États-Unis et dans le monde entier, près de soixante ans après sa parution.

■ Françoise Héritier, *Masculin-Féminin*, volume I *La Pensée de la différence*, Odile Jacob, 1996 ; volume II *Dissoudre la hiérarchie*, Odile Jacob, 2003.

■ Michelle Perrot, *Mon histoire des femmes*, Seuil, 2006, suite personnelle de l'ouvrage collectif en cinq volumes qu'elle a dirigé, en 1991-1992, avec Georges Duby chez Plon : *Histoire des femmes en Occident*.

Femmes politiques

La participation des femmes à la sphère politique est un autre indicateur très parlant. Près de 24 % des postes ministériels dans les gouvernements nationaux sont occupés par des femmes avec une disparité allant de 60 % en Finlande à 0 % à Chypre. La proportion est identique dans les parlements nationaux avec plus de 50 % en Suède et moins de 10 % à Malte. Les instances européennes sont une citadelle tout aussi imprenable : en cinquante ans de construction européenne, 18 des 139 commissaires ont été des femmes et le rôle de président de la Commission a toujours été exercé par un homme. À la tête du Parlement européen, il y a eu, de 1979 à 1982, l'exception Simone Veil. Le principe d'égalité, introduit au plan salarial dans le traité de Rome en 1957, a mis quarante ans pour être inscrit comme principe fondateur de l'Union dans le traité d'Amsterdam en 1997. La longue marche des Européennes pour l'émancipation a abouti à un début de parité. Mais les nouvelles formes de précarité professionnelle risquent à tout moment de remettre en cause ces acquis. D'où la vigilance des partisans - masculins et féminins - de l'égalité.

(1) Michelle Perrot est une spécialiste de l'histoire sociale au XIXe siècle, qui s'est intéressée aux femmes parce qu'elles étaient des « *acteurs de l'ombre* ».

L comme LAÏCITÉ

**Aucun continent n'a autant été
la proie du fanatisme et de l'intolérance
que l'Europe. Aucune zone du globe
n'a autant été marquée en profondeur
par des guerres de religion,
des pogroms, des massacres.
Mais, en même temps, aucun espace
culturel n'a autant réfléchi
sur la tolérance et sur l'importance
pour « l'autre » de s'épanouir.**

—

L'adjectif « laïc » est forgé sur le grec *laikos* (*laicus* en latin) avec le sens de peuple, par opposition à *klericos* (*clericus* en latin) qui désigne les clercs, le clergé.
Le mot « laïcité » est employé pour la première fois, en France, à la fin du XIXe siècle dans une atmosphère de conflit entre le pouvoir séculier et l'Église catholique.
Il donne *Laizismus* en allemand, *laicismo* en espagnol, *laicità* en italien.

—

L COMME
LAÏCITÉ

La révolte contre le pouvoir des Églises sur les consciences, la lutte pour la liberté de pensée, la réflexion sur un « contrat social » qui suppose la distinction entre le politique et le religieux ont été menées en Europe dès le XVIIe siècle par des penseurs comme Spinoza et Locke, puis par les philosophes des Lumières. Elles ont donné lieu au cours du XIXe et du XXe siècle à une série de lois dont le but est d'éviter l'intolérance et de garantir la liberté de conscience qui implique la liberté de culte. Les récentes polémiques sur le voile islamique en France ou le crucifix dans les salles de classe en Allemagne et en Italie montrent que le débat n'est pas clos.

La laïcité n'a rien à voir avec l'anticléricalisme

En France, la loi de 1905 établit une séparation stricte entre les Églises et l'État (1). Ce dernier s'engage à la neutralité absolue face aux différents cultes, pour garantir la liberté de conscience et l'égalité en droit des différentes appartenances religieuses. C'est sur le terrain scolaire que son application a entraîné une guerre entre les partisans de l'école confessionnelle dite « libre » et ceux de l'école laïque. Et, plus de cent ans après, c'est encore sur ce terrain-là que la loi du 15 mars 2004 « *interdit le port ostensible de symboles religieux dans les écoles, collèges et lycées publics.* » Pour que laïcité cesse de rimer avec anticléricalisme, il a été préconisé en 2002 d'enseigner dans les écoles de France le fait religieux dans une perspective historique. Mais en 2007-2008, les discours prononcés par le président Nicolas Sarkozy à Rome, Riyad et Paris en faveur d'une « *laïcité positive* » et son éloge de l'apport des croyants à la République ont relancé le débat sur la neutralité que l'État et ses représentants doivent observer vis-à-vis des différents cultes.

La laïcité, arbitre et garante de la paix sociale

Le débat sur le principe de laïcité n'est cependant pas limité à des républiques. Les dernières années ont ainsi montré que le respect de ce principe était également possible dans des monarchies constitutionnelles comme l'Espagne. Le cas de ce pays est insolite, car c'est l'une des nations les plus marquées par la mainmise historique de l'Église catholique sur les institutions de l'État. Mais avec la transition démocratique des années 1980, il est devenu un des précurseurs des principes de laïcité et de tolérance en Europe, Depuis 2005, le mariage homosexuel, qui se heurtait à une vive opposition de la conférence épiscopale espagnole, est *de facto* légal. Le droit à l'avortement et à l'autodétermination de chaque femme a été réaffirmé sous le gouvernement du socialiste Zapatero. Depuis 2006, l'enseignement religieux catholique n'est plus obligatoire dans les écoles. La monarchie constitutionnelle espagnole a ainsi montré au cours des dernières années que la laïcité et la tolérance vont bien au-delà d'une discussion sur les signes extérieurs d'appartenance religieuse et que la tolérance possède des implications dans de nombreuses sphères de la vie sociale.

La question des racines chrétiennes de l'Europe

Les origines chrétiennes continuent d'être affirmées dans plusieurs États européens qui se réfèrent directement à Dieu dans leur Constitution : en Allemagne, la Loi fondamentale de 1949 postule que l'État allemand a pleine conscience « *de sa responsabilité devant Dieu et le peuple.* » Un autre pays qui milite pour l'inscription des origines chrétiennes dans les textes fondamentaux de l'Union européenne est la Pologne, nation à très forte tradition catholique, dont la Constitution de 1997 déclare que « *Dieu est source de vérité, de justice, de bonté et de beauté.* » Certaines républiques européennes comme le Danemark et la Grèce gardent même une religion officielle d'État (évangélique pour les Danois, orthodoxe pour les Grecs).

La place de l'islam européen

Une question se pose alors : quel statut pour les 15 millions de musulmans de l'Union européenne, sans compter ceux des pays à majorité musulmane susceptibles d'adhérer un jour à l'UE comme la Bosnie-Herzégovine, l'Albanie et la Turquie ? Une question qui s'inscrit dans un climat de tensions sociales dans de nombreux pays européens : en Allemagne, la minorité turque est considérée comme très peu intégrée. En Grande-Bretagne, l'archevêque de Canterbury, Rowan Williams, a déclenché une vive polémique en considérant qu'il pouvait être utile d'appliquer la charia (la loi islamique issue de l'interprétation littérale du Coran) aux ressortissants de la communauté musulmane. Aux Pays-Bas, dans un climat de méfiance, de nombreux populistes néerlandais, tel Geert Wilders, profitent de la situation pour lancer des campagnes antimusulmanes. Si la culture de la laïcité se fonde sur le respect de l'autre, les États européens vont devoir adopter une position de neutralité plus active, pour garantir la liberté de tous les cultes et, par ce biais, préserver la tolérance. En Allemagne, où la religion figure parmi les matières enseignées à l'école, il a été décidé en 2008 d'introduire des cours d'islam aux côtés de ceux qui existent sur le judaïsme, l'orthodoxie, le catholicisme et le protestantisme.

À lire

- Pierre Kahn, *La Laïcité*, collection « Idées reçues », éditions Le Cavalier bleu, 2005.
- Henri Pena-Ruiz, *Qu'est ce que la laïcité ?*, collection « Folio Actuel », Gallimard, 2003.
- Régis Debray, *L'Enseignement du fait religieux dans l'école laïque*, rapport au ministère de l'Éducation nationale, préface de Jack Lang, Odile Jacob, 2002.

À consulter

- Le rapport de Bernard Stasi sur l'application du principe de laïcité dans la République (2003) : http://lesrapports.ladocumentationfrancaise.fr/

(1) Sauf en Alsace et en Lorraine qui ont conservé un statut concordataire, hérité de l'époque napoléonienne, quand elles sont revenues à la France après la Première puis la Seconde Guerre mondiale.

M comme MODÈLE SOCIAL

La génération des soixante-huitards a pleinement bénéficié du modèle social des années de plein emploi d'après-guerre. Mais quel système va-t-elle laisser à ses petits-enfants ?

—

Le modèle social européen s'appuie sur « un État développé et interventionniste, un système de protection sociale solide assurant une couverture efficace à l'ensemble des citoyens et la limitation des différentes formes d'inégalité. »

—

Anthony Giddens, *Le Nouveau Modèle européen*, collection « Essais », Hachette Littératures-Telos, 2007.

—

ALLEMA
ESTHO
ROYAUME
FRANCE
ESPAGNE
SUÈDE

M comme
MODÈLE SOCIAL

Les notions de politique et de protection sociales sont récentes en Europe, les expressions, systèmes ou modèles sociaux, avec la connotation normative attachée au mot « système » et la part de rêve, véhiculée par le mot « modèle » aussi. Autrefois, la solidarité face aux aléas de l'existence était du ressort de la famille, des Églises et des institutions charitables. Après les Lumières et la Révolution française, l'essor de la révolution industrielle au XIXe siècle amène les mouvements ouvriers à réfléchir à une mutualisation des risques inhérents au travail.

La répartition, le socle du modèle européen

Le chancelier conservateur Bismarck est le premier homme d'État à instaurer, à la fin du XIXe siècle, une législation progressiste en matière d'assurance maladie et à mettre en place un système de retraite obligatoire pour les travailleurs allemands. La Suède, au début du XXe siècle, va aller plus loin en posant les prémices du *Welfare State*, ou État providence. En Angleterre, c'est l'économiste et politicien Beveridge qui théorise le modèle, fondé sur la répartition des cotisations et des droits, destiné à ne laisser aucun citoyen au bord du chemin. La France s'inspire davantage de Bismarck que de Beveridge, tout en s'appuyant aussi sur la réflexion des socialistes utopistes et sur l'expérience acquise, depuis le XIXe siècle, par un mouvement mutualiste fort au sein du mouvement ouvrier. Soixante ans après, ces trois modèles, qui ont essaimé dans le monde entier, sont en crise. Leur remise en cause est vécue avec anxiété par la majorité de l'opinion qui redoute des reculs sur tous les fronts.

Défendre les acquis : l'ambition espagnole

Depuis les débuts du gouvernement socialiste en mars 2004, l'Espagne a été marquée par une forte volonté de maintenir les acquis sociaux obtenus après la chute du franquisme et depuis l'adhésion de l'Espagne à la Communauté européenne en 1986. En mai 2007, le Premier ministre José Luis Rodriguez Zapatero a souligné devant l'Internationale syndicale à Séville « *le succès d'une politique sociale d'avant-garde* » en Espagne et « *le rôle de premier plan que doivent jouer les syndicats dans la future Europe sociale.* » Cependant, la question des retraites est restée sans solution au cours des quatre dernières années, car aucune proposition concrète n'a été soumise par l'équipe de Zapatero avant sa réélection en 2008. Certes, la Sécurité sociale espagnole est une des seules Caisses d'Europe à posséder des excédents (13 milliards d'euros en avril 2008). Mais la récente crise immobilière et financière, qui a touché l'Espagne de façon particulièrement virulente, risque de faire fondre rapidement ces surplus.

À lire

■ Pour remonter aux origines des controverses en cours sur la fin du modèle rhénan favorable à une économie sociale de marché : Michel Albert, *Capitalisme contre capitalisme*, collection « L'Histoire immédiate », Seuil, 1991.

■ Une vision claire et accessible des débats de société actuels autour du travail, par le rédacteur en chef du mensuel *Alternatives économiques* : Guillaume Duval, *Sommes-nous des paresseux ?... et 30 autres questions sur la France et les Français*, Seuil, 2008.

■ Une thèse personnelle sur les principes et les contours d'un nouveau modèle valable pour l'Europe du XXIe siècle : Anthony Giddens, *Le Nouveau Modèle européen*, collection « Essais », Hachette Littératures-Telos, 2007.

La tentation de la «flexisécurité » à la danoise

La *flexisécurité* est un néologisme inventé pour désigner à la fois une organisation du marché du travail plus souple et la garantie d'une sécurité en matière de droits acquis pour les travailleurs. Elle a fait ses preuves au Danemark, où elle a permis de diviser par deux le taux de chômage en dix ans, entre 1995 et 2005. Ce nouveau modèle a le vent en poupe en Suède, aux Pays-Bas et même en France où le secrétaire d'État en charge de la Prospective économique, Éric Besson, a comparé les pratiques d'une dizaine de pays européens. Pour chacun des pays étudiés, son rapport passe au crible les contrats à durée déterminée, le travail intérimaire, la formation professionnelle continue, les licenciements économiques, l'organisation des services publics de l'emploi, les régimes d'assurance chômage. Conscient des freins que représentent certaines protections par rapport à la perspective du plein emploi, le modèle séduit aussi Bruxelles qui veut généraliser cette «bonne pratique » (cf. Z, p. 120-123).

Imaginer une «protection sociale positive »

La Confédération européenne des syndicats, sans être complètement hostile, plaide pour « *une approche plus respectueuse des travailleurs.* » Plutôt que de s'arc-bouter sur des positions purement défensives, certains sociologues comme Anthony Giddens, inventeur de la «troisième voie » mise en œuvre par Tony Blair en Grande-Bretagne après des années de thatchérisme aux conséquences lourdes en matières d'éducation et de santé, veulent aller plus loin et inventer un modèle qui ne prenne pas en compte uniquement les mutations de l'économie mondiale mais aussi les évolutions de nos sociétés. Avec l'effacement progressif de la notion de classe sociale, le diplôme ne peut plus être l'unique levier de l'ascenseur social. Le caractère à la fois plus ouvert et plus incertain de nos vies professionnelles et familiales déplace les risques (cf. K, p. 52-55). Notre modèle social doit s'adapter à ce contexte et trouver des réponses aux nouvelles formes de pauvreté et de précarité. Restera alors à avoir le courage politique de négocier, avec les partenaires sociaux, aux plans national et européen, de nouveaux modes de financement de la protection sociale.

LE VIEILLISSEMENT DE LA POPULATION

L'Europe vieillit. Cela ne pose pas seulement un problème économique et social aux gouvernements mais cela nous amène à modifier notre regard sur les différents âges de la vie.

—

UN PHÉNOMÈNE GÉNÉRAL DANS LE MONDE DÉVELOPPÉ

La population européenne est en train de vieillir de façon spectaculaire. Cette évolution s'observe dans toutes les sociétés postindustrielles. Depuis vingt ans, la moyenne d'âge au Japon n'a cessé de croître, tout comme aux États-Unis. À terme, l'ensemble des sociétés dites « développées » connaîtra ce destin. En Europe, les chiffres sont parlants : alors qu'aujourd'hui 21 % des Européens ont plus de 65 ans, ils seront plus d'un tiers en 2030. En même temps, 10 % des Européens auront plus de 85 ans et plus de la moitié d'entre eux auront besoin d'aide dans leur quotidien. Dans certains pays (Allemagne, Autriche, Espagne, Italie), ce taux sera encore plus élevé. Un pays comme l'Allemagne verra sa population passer de 81 millions à 68 millions en 2030.

DES ORIGINES MULTIPLES

Le vieillissement de la population a plusieurs origines : il est d'abord la conséquence d'une forte baisse de la natalité en Europe au cours des quarante dernières années. Aucun pays – à part la France et l'Irlande – n'atteint le seuil de renouvellement des générations. Pour que la population d'un pays puisse augmenter, il faut un taux de fécondité de deux enfants par femme (cf. K, p. 52-55). Parallèlement, la génération du baby-boom, née après la Seconde Guerre mondiale, a atteint la soixantaine et peut s'attendre, grâce aux progrès des conditions de vie, de l'hygiène et de la médecine des dernières décennies, à une espérance de vie qui est plus élevée de huit ans par rapport à celle de 1960. Et, pour la première fois dans l'histoire, l'écart qui existait entre hommes et femmes s'amenuise : les hommes européens vivent ainsi en moyenne jusqu'à 71 ans, les femmes jusqu'à 79 ans.

UNE RÉPONSE POLITIQUE S'IMPOSE

Sur un plan macroéconomique, il est évident que le vieillissement de la population pose un problème pour le financement du système des retraites. Dans les années 1970, une personne âgée était prise en charge par quatre actifs, contre deux actifs aujourd'hui. Une réforme globale du système des retraites s'impose donc. Une première solution serait d'inciter les Européens à travailler plus longtemps : aujourd'hui, ils quittent leur emploi entre 57 et 63 ans. L'âge le plus bas était de 57 ans en Italie mais il a été relevé à 60 ans en 2008 et sera porté à 62 en 2014. En Grande-Bretagne, où les hommes partent pour le moment à la retraite à 65 ans et les femmes à 60, l'âge du départ va être progressivement repoussé pour atteindre 68 ans d'ici 2046. La retraite de base pourrait aussi être assortie d'une assurance vieillesse « complémentaire » et privée, système déjà courant dans quelques pays européens comme l'Allemagne. Une autre piste, pour prévenir une perte de dynamisme du marché du travail, est de faire appel à l'immigration. Les États-Unis, dont la démographie s'effondrerait sans la contribution des 12 % d'immigrés légaux vivant sur son territoire, ont emprunté cette voie-là. Les projections récentes de l'Institut national de la statistique et des sciences économiques (INSEE) l'ont souligné à nouveau : l'Europe a intérêt à faire appel à au moins 15 millions d'immigrants d'ici 2030, nécessaires pour maintenir l'équilibre économique entre les générations.

DES IMPACTS IMPORTANTS SUR LA SOCIÉTÉ

Le vieillissement de la population aura aussi des implications humaines considérables. Selon le rapport présenté en 2008 par l'Institut national d'études démographiques (INED), le nombre des personnes dépendantes, du fait de leur grand âge ou d'une maladie neurodégénérative de type Alzheimer va augmenter de 72 % dans l'ensemble de l'Union européenne d'ici 2030. Comment les prendre en charge ? Peut-on compter sur la solidarité entre les personnes âgées ? Qu'adviendra-t-il de ceux qui seront seuls, sachant qu'une aide à domicile revient au minimum à 1 500 € et qu'une place en maison de retraite coûte entre 1 800 à 4 000 € par mois ? Faudra-t-il inventer des relais pour décharger un conjoint ou un adulte s'occupant de son parent malade ? Une chose est sûre : les « vieux » seront de plus en plus présents dans notre société. L'idéal de beauté, si longtemps associé à la jeunesse, va-t-il lui aussi « mûrir » ?

N comme NORMES

Bien plus qu'un symbole
sur les étiquettes des produits
de consommation, les normes
sont un élément constitutif
de l'Union européenne.
Elles sont un moyen de dépasser
la souveraineté des États sans l'abolir
et un instrument de puissance
dans ses relations avec le reste
du monde.

—

« L'Europe, souvent vue par les Européens comme un acteur faible et sans moyens,
est en réalité perçue comme un acteur influent
sur la scène mondiale, moins à travers la force de ses armes
que celle de ses normes. »

—

Zaki Laïdi, « Les Formes inattendues de la puissance européenne », sur le site Telos, décembre 2007.

—

N COMME NORMES

Pour pouvoir être commercialisés dans l'espace européen, la plupart des produits de consommation doivent correspondre aux normes européennes. Entre la marque CE et les labels de toutes sortes, comment s'y retrouver ? Et surtout, quelle est l'utilité de ces normes pour les consommateurs et les citoyens ?

Normes européennes, mode d'emploi

Les normes européennes sont des règles élaborées en accord avec les directives européennes, décidées par consensus entre les différents États membres de l'Union. Elles sont ratifiées par un des trois organismes chargés de leur standardisation. Lorsqu'un produit est considéré « conforme aux normes », on lui appose la marque CE (Communauté européenne) et il peut être vendu à l'intérieur de l'Union européenne. Certains produits sont également dotés d'un label, privé ou public, qui garantit sa propre dénomination : le label « bio » signifie par exemple que son producteur utilise des matières premières issues de l'agriculture biologique. Et d'autres labels permettent de distinguer l'originalité d'un produit : appellation d'origine contrôlée (AOC) au niveau français, et appellation d'origine protégée (AOP), indication géographique protégée (IGP) et spécialité traditionnelle garantie (STG) au plan européen.

Protéger la santé des consommateurs et réduire les risques

Au-delà du label, qui constitue un gage de qualité facultatif, les directives européennes dites de « nouvelle approche » définissent les produits pour lesquels le marquage européen est obligatoire : il s'agit de « marchandises à risque » susceptibles de nuire à la santé des consommateurs comme les produits alimentaires, l'électroménager ou les produits cosmétiques. La marque CE apposée sur les produits garantit une qualité constante et identique partout dans l'Union européenne, avec une libre circulation des marchandises. De plus en plus souvent, les normes européennes deviennent des références pour d'autres régions du monde, comme récemment le dispositif Reach (1) qui a obligé à rendre conformes aux standards de santé européens plus de 30 000 produits chimiques. Les normes européennes servent aussi à protéger les citoyens de produits contrefaits, dangereux pour eux et pour leur entourage. Actuellement, la Commission européenne travaille sur une normalisation plus efficace dans le secteur automobile. Entre 5 et 10 % des pièces détachées en circulation en Europe seraient contrefaites. Le préjudice financier est évalué à 10 milliards d'euros par an, mais c'est bien sûr le préjudice physique du citoyen qui est mis en avant : de moindre qualité, ces pièces seraient à l'origine de 13 % des accidents.

À consulter

■ Pour les producteurs qui veulent obtenir un label de qualité ou une appellation d'origine et pour les consommateurs qui veulent s'y retrouver dans la forêt des labels et des marques de qualité, le site de l'Institut national de l'origine et de la qualité (INAO) :
http://www.inao.gouv.fr/

■ La liste des labels européens :
http://ec.europa.eu/agriculture/foodqual/quali1_fr.htm

Refuser les situations de monopole et assurer la protection des données privées

Les normes garantissent aussi certains droits fondamentaux de l'Union. En vertu du principe de libre concurrence, la Commission a considéré que Microsoft avait exploité pendant plusieurs années son statut de quasi-monopole pour empêcher ses concurrents d'entrer sur le marché informatique européen ; des amendes d'un montant total de 1,7 milliard d'euros ont sanctionné ce non-respect des normes européennes. De la même façon, la Commission reproche à Google et à ses concurrents de garder les données personnelles de leurs clients pendant plusieurs années, en vendant les profils de leurs utilisateurs de façon récurrente à des entreprises de publicité personnalisée. L'Union exige aujourd'hui que ces moteurs de recherche conservent leurs données pendant six mois maximum, afin d'empêcher l'exploitation systématique des données à des fins publicitaires.

La norme, instrument d'influence et de puissance dans les relations internationales

La stricte application de ces directives permet à l'Europe d'utiliser « *la norme comme modalité de son influence* (2) », notamment dans trois domaines : l'environnement, où le système normatif européen tente de jouer un rôle précurseur dans la lutte contre le réchauffement climatique ; la politique de la concurrence, où les normes européennes protègent le consommateur mais garantissent aussi le maintien des concurrents sur le marché ; la gouvernance mondiale enfin, où le multilatéralisme économique européen contraste avec l'unilatéralisme militaire américain. L'Europe pourrait ainsi, selon l'expression du ministre des Affaires étrangères britannique David Miliband, cesser d'être considérée comme une « *superpuissance* » pour devenir une « *puissance modèle* », bien que l'application des normes ne manque pas de susciter de vives polémiques hors des frontières de l'Union.

(1) Règlement enregistrement, Évaluation et Autorisation des produits Chimiques, adopté en 2006, entré en vigueur en 2008 visant à mieux maîtriser les risques pour la santé et l'environnement liés à l'utilisation des produits chimiques.

(2) Zaki Laïdi, *La Norme sans la force, L'énigme de la puissance européenne*, collection « Nouveaux débats », Presses de Sciences Po, 2005.

O comme OMBUDSMAN

Peu connu sous son titre scandinave,
car on l'appelle en France
« médiateur de la République » et,
de façon plus pragmatique en Angleterre,
« commissaire parlementaire »,
l'ombudsman est porte-parole
du peuple. Sa fonction le conduit au
plus près des citoyens qui bien souvent
ne connaissent pas son existence.
Son rôle est d'enquêter pour eux
et de défendre leurs droits.

—

L'origine du mot *ombudsman* vient du suédois *ombud* (mandataire) et désigne une personne légale avec un mandat de médiation de nature juridique ou économique. *Ombudsman*, sorte de porte-parole au service d'un autre, est proche de l'ambassadeur. *Ambactia* en latin veut dire « service » et *ambactos* en celte, signifie « serviteur ».

—

O comme OMBUDSMAN

Les institutions, les grandes entreprises, les médias importants ont nommé des médiateurs pour améliorer leurs relations avec le public. La Commission européenne s'est dotée d'un *ombudsman* pour mieux répondre aux requêtes des citoyens européens. En quoi l'invention de cette nouvelle fonction peut-elle changer la vie des gens ?

Montesquieu, père spirituel de l'*ombudsman*

L'idée de cette fonction est souvent attribuée à Montesquieu. Son œuvre *L'Esprit des lois*, publiée en 1748, prône la séparation des pouvoirs et inspire les fondements de la pensée libérale en donnant au pouvoir judiciaire le contrôle du pouvoir politique. Montesquieu y souligne aussi l'importance de la représentation du peuple : l'individu ne doit pas être laissé seul face à l'État. Institué par le roi Charles XII de Suède, au XVIIIe siècle pour éviter les crises en l'absence du roi, l'*ombudsman* joue à la fois ce rôle d'intermédiaire et de contrôle. Il attend le XXe siècle avant d'essaimer en Finlande, au Danemark et en Norvège. Dès les années 1960, d'autres pays les imitent : le Royaume-Uni en 1967, la France en 1973, les Pays-Bas et l'Espagne en 1981, suivis de près par les pays de l'ancien bloc soviétique. Aujourd'hui, en Suède comme ailleurs, l'*ombudsman* a surtout un rôle de guide pour le public et ne joue plus le justicier. Il protège la liberté, la sécurité et la propriété des citoyens. Partout où il existe, il doit rester indépendant, offrir gratuitement ses services et garder un œil objectif. Ce qui le particularise dans les pays scandinaves est l'étendue de son terrain d'action, qui couvre toute la fonction publique - des prisons jusqu'aux hôpitaux, en passant par la police.

Un pouvoir limité

Pour exercer son rôle de médiateur, l'*ombudsman* se fonde sur le droit administratif, qui délimite les actions de l'État. En cas d'abus de pouvoir, l'*ombudsman* ne dispose pour riposter que de la parole publique, et ne pourra poursuivre un chef d'État, ni ses ministres. Son action se limite donc à la rédaction de lettres et d'articles officiels. Il peut, par exemple, exiger un délai de paiement plus court, l'application d'une procédure plus juste, ou un accès à des documents décrétés secrets. Malgré son pouvoir limité, l'*ombudsman* ne cesse d'étendre son empire, jusqu'à l'intérieur des structures commerciales.

À consulter

- Le médiateur européen, 1 avenue du Président-Robert-Schuman, BP 403, FR-67001 Strasbourg Cedex
www.ombudsman.europa.eu

- Le médiateur de la République française :
http://www.mediateur-republique.fr/

- La Haute Autorité de lutte contre les discriminations et pour l'égalité :
http://www.halde.fr/

Un mandat étendu

Progressivement, l'institution a gagné en popularité et, en 1992, le traité de Maastricht crée l'*ombudsman* européen, chargé de suivre l'activité des institutions bruxelloises et de réunir les fruits des travaux de ses collègues nationaux dans l'espace communautaire. Tout citoyen européen peut faire appel à lui dans l'une des vingt-deux langues officielles de l'Union européenne dans les deux ans qui suivent un cas de mauvaise administration émanant des institutions européennes. Pendant que son équipe traite des cas non recevables, le médiateur se consacre aux cas qui relèvent de sa compétence et prend, après enquêtes diligentées par ses soins, entre une vingtaine et une centaine de décisions par an, selon les années. Les plaintes portent sur les sujets les plus divers. Un cas de harcèlement moral reproché à la Commission, lors d'une mission à l'étranger. Le non-versement d'allocations familiales à un enfant non reconnu par son père, membre du Parlement européen. Une coupe malencontreuse sur l'importance du développement de l'Afrique dans un discours de Robert Schuman en ligne sur le site de la Commission européenne, dans les versions linguistiques autres que l'original en français, relevée par un internaute polyglotte particulièrement attentif... Le médiateur européen, P. Nikiforos Diamandouros, se félicite de recevoir des plaintes, preuves de son utilité en quelque sorte, même s'il est bien souvent amené à refuser les demandes qui lui sont soumises. Il estime pour sa part que son action la plus importante est d'avoir donné accès à des documents auparavant tenus secrets.

P comme PAIX

L'Europe est parvenue, selon l'expression de Jacques Delors à Berlin en 1999, « *à surmonter l'interminable guerre civile européenne* » mais elle a du mal à exporter sa vision de la paix, ce qui ne contribue pas à accroître son poids diplomatique sur la scène internationale.

« Si chacun des groupes ethniques, religieux ou linguistiques prétendait au statut d'État, la fragmentation n'aurait plus de limite et la paix, la sécurité et le progrès économique pour tous deviendraient toujours plus difficiles à assurer. »

—

Boutros Boutros-Ghali, extrait de *l'Agenda pour la paix* publié par l'Organisation des Nations unies (ONU), 1992.

—

UNITED STATES
Asie
Europe
Le monde

P COMME PAIX

En Europe, la paix voulue par les traités l'a emporté sur les rivalités séculaires. Cependant, aux portes de l'Union européenne, après l'effondrement de l'Union soviétique, la guerre a ravagé les Balkans, provoquant l'éclatement de l'ex-Yougoslavie. Il a fallu, en 1995, l'intervention des États-Unis pour imposer les accords de Dayton à une région meurtrie. Et au Proche-Orient, où l'Europe a des responsabilités particulières, le conflit qui oppose Israéliens et Palestiniens perdure. Ces échecs au sein de la zone d'influence naturelle de l'UE hypothèquent l'audace dont elle aurait besoin pour négocier une place de stratège sur le plan mondial.

Vers une culture de paix

Curieusement, il n'existe pas en latin comme en français de définition positive de la paix (les mots amour ou beauté ont plus de chance). La paix est d'abord définie par rapport à l'absence de guerres entre les États et de conflits entre les individus. Ensuite sont mis en avant l'ordre et la tranquillité qu'elle procure. La langue influe sur le discours : ainsi Raymond Aron consacre 152 entrées au mot *guerre* contre 39 au mot *paix* dans son livre *Paix et guerre entre les nations*. Dans ce contexte, l'initiative prise en 2003, à la demande du Parlement franco-allemand des jeunes (1), menée à bien par une équipe d'historiens mérite d'être saluée. Après les trois guerres qui ont déchiré la France et l'Allemagne (1870, 1914-1918, 1939-1945), Allemands et Français ont été capables de rédiger ensemble deux manuels d'histoire (2) qui s'adressent aux classes de Premières et de Terminales des deux côtés du Rhin.

Les Balkans, une paix imposée

Les Balkans n'en sont pas là. Après quatre ans de guerre et 200 000 morts, les accords de Dayton ont entériné la partition de la Bosnie en deux entités politiquement distinctes : la Fédération de Bosnie et Herzégovine (Croates et Musulmans) et la République serbe de Bosnie (Serbes orthodoxes). Teresa I., envoyée par l'Organisation pour la coopération et la sécurité en Europe (OSCE) en Bosnie-Herzégovine en 2007, témoigne : *« Avant-guerre, un tiers des habitants de Foca (à 75 kilomètres de Sarajevo) était bosniaque ; aujourd'hui, la ville est presque complètement peuplée de Serbes ; les quelques familles bosniaques qui ont tenté de revenir ont du mal à s'intégrer à la vie locale. Le maire essaie d'établir de bonnes relations avec la ville voisine, Gorazde, qui appartient à la Fédération croato-musulmane, peuplée majoritairement de Bosniaques, mais il a le conseil municipal contre lui. La situation politique est très tendue. Il y a beaucoup d'amertume et de rancunes, comme si la guerre n'était pas vraiment terminée. Avec un taux de chômage de 40 %, le risque d'immobilisme existe, la réconciliation ne progresse pas. Pourtant les gens reconnaissent l'absurdité de cette guerre et, parmi les adultes, il y a beaucoup de nostalgiques de la Fédération yougoslave au sein de laquelle ils vivaient mieux et voyageaient comme ils voulaient. Cette expérience-là manque aux plus jeunes. En plus, ils ont du mal à voyager en Europe. Favoriser la mobilité serait le moyen de rendre obsolète le discours nationaliste et d'aider la relève des générations. »*

Ce témoignage montre combien la reconstruction et la démocratisation sont difficiles quand la paix n'a pas surmonté les haines. L'arme de l'Union européenne, comme le montre l'évolution de la situation dans les Balkans depuis l'indépendance du Kosovo et l'arrivée d'une équipe pro-européenne à Belgrade en 2008, c'est d'offrir à ces pays la perspective d'une adhésion à terme à l'UE.

Le conflit israélo-arabe et la Méditerranée

Le sionisme, qui a projeté la création d'un État juif en Palestine, est né en réponse à l'antisémitisme du début du XXe siècle en Europe. Depuis, l'Union européenne est devenue le premier partenaire économique d'Israël et le premier contributeur de l'aide internationale apportée aux territoires palestiniens. Or, en dépit d'une position commune affirmée à Venise en juin 1980 et de la mise en place du processus euro-méditerranéen initié à Barcelone en 1995, l'UE n'est toujours pas considérée comme un véritable interlocuteur dans la région. Pour Rober Malley, ancien conseiller de Bill Clinton, l'UE sous-estime ses propres capacités, susceptibles de rencontrer l'appui du monde arabe. L'écrivain israélien Amos Oz, en recevant le prix Prince des Asturies en 2007 à Madrid, a rappelé aux Européens leur responsabilité particulière dans la résolution du conflit : *« Au lieu de faire des reproches tantôt à l'une, tantôt à l'autre des parties, les Européens devraient manifester de l'empathie et de la compréhension à leur égard et leur apporter leur aide. Vous n'avez pas à décider si vous êtes pro-israéliens ou pro-palestiniens. Vous devez opter pour la paix.* » Sans geste politique fort en direction du « *couple maudit du Proche-Orient* » (3), l'Union pour la Méditerranée, voulue par Nicolas Sarkozy et arrimée à l'Union européenne par la volonté d'Angela Merkel, risque d'achopper sur les mêmes difficultés que le processus euro-méditerranéen initié en 1995. Les projets concrets que la France cherche à promouvoir dans le domaine de l'eau, de la recherche agronomique, de la protection civile, sont utiles. Mais la recherche de la paix dans cette région proche, qui demeure la zone de conflits et de tensions la plus dangereuse du monde et où le temps ne joue pas en faveur des modérés, devrait être une priorité politique.

La politique extérieure et de sécurité commune (PESC)

La sécurité de l'Union continue d'être assurée par l'Organisation du traité de l'Atlantique Nord (OTAN), sous la direction des États-Unis. Cependant, soucieuse d'exister dans le monde multipolaire de demain, l'UE a défini, en 2003, une stratégie européenne de sécurité et a créé l'Agence européenne de défense. C'est aussi en 2003 que les Européens ont adopté des positions divergentes sur la guerre en Irak, décrétée par les Américains, sans l'accord de l'Organisation des Nations unies (ONU). De même les attitudes différentes des pays membres vis-à-vis de la Russie, qui vont des relations privilégiées préconisées par les Allemands et les Français à la franche hostilité des Polonais et des Lituaniens, les encouragent à aborder le marché russe en ordre dispersé, au détriment de leurs intérêts stratégiques à moyen terme. Il s'agit en effet de savoir si la Russie représente pour l'UE un adversaire, un partenaire commercial ou une zone d'influence.

À lire

■ Dans *Le Monde d'hier, souvenirs d'un Européen* (Belfond, 1993, p. 134 et 135), l'écrivain autrichien Stefan Zweig brosse un portrait de Theodor Herzl, qui a imaginé le sionisme comme réponse à l'antisémitisme au moment de l'affaire Dreyfus en France.

■ Étienne Balibar, *L'Europe, l'Amérique, la guerre, réflexions sur la médiation européenne*, La Découverte, 2003.

■ Raymond Aron, *Guerre et paix entre les nations*, collection « Pérennes », Calmann-Lévy, 2004.

■ *Think Global-Act European*, copublication Notre Europe et la Fondation pour l'innovation politique, est une contribution de treize *think tanks* (laboratoires d'idées en sciences politiques) européens au trio des présidences française, tchèque et suédoise de l'Union européenne sur les grands sujets qu'elles devront aborder, parmi lesquels figure la politique de défense. http://www.tgae.eu/

Toutefois, une perception commune des menaces liées au terrorisme depuis les attentats de Madrid en 2004 et ceux de Londres en 2006, associée au nouvel atlantisme français (4) devraient amener les Européens à se doter d'une politique de sécurité et de défense mieux coordonnée. Dépasser les sensibilités nationales initiales qui les portent vers l'autonomie pour la France, la confiance dans l'OTAN pour la République tchèque et la neutralité pour la Suède, constitue un défi pour les trois pays qui vont se succéder à la tête de l'UE d'ici juin 2009.

(1) Réuni à Berlin en 2003, à l'occasion de l'anniversaire du Traité de l'Élysée qui a scellé en 1963 la réconciliation franco-allemande.

(2) *L'Europe et le monde depuis 1945*, Nathan, Paris/Klett, Stuttgart, 2006 ; *L'Europe et le monde du congrès de Vienne (1814) à 1945*, Nathan, Paris/Klett, Stuttgart, 2008.

(3) L'expression est du journaliste Jean Daniel, qui suit le conflit depuis quarante ans. Cf. ses chroniques rassemblées sous le titre *Israël, les Arabes, la Palestine*, Galaade, 2008.

(4) Par atlantisme, nous entendons une propension à regarder du côté du modèle libéral américain en politique et en économie et une importance centrale accordée en matière de défense au pacte de l'Atlantique Nord signé en 1949, pacte sur lequel est fondée l'Alliance atlantique.

Q comme QUOTAS LAITIERS

Les quotas laitiers - établis depuis 1984 en Europe pour éviter la surproduction de lait - et les subventions agricoles sont les symboles de la Politique agricole commune (PAC) qui coûte 42 milliards d'euros par an, soit près de 42 % du budget européen. Aujourd'hui remise en cause, certains voudraient en profiter pour « verdir » la PAC...

—

« Si nous commencions demain à diriger le secteur agricole vers la pure productivité, il n'y aurait plus qu'une Europe des grands producteurs. Ainsi, nous devrions abandonner les effets les plus positifs de la PAC, comme par exemple la protection de l'environnement. »

—

Mariann Fischer Boel, commissaire danoise à l'Agriculture, dans un entretien accordé au site économique allemand *Wiwo*, en mai 2008.

—

Q COMME QUOTAS LAITIERS

La PAC n'échappera pas à une réforme profonde qui concernera particulièrement la France, première puissance agricole d'Europe et première bénéficiaire. Prochains rendez-vous en 2010, au moment des discussions sur le futur budget de l'UE et en 2013, date où entrera en vigueur une PAC rénovée. Depuis 2007 où, après des années de surproduction, la conjoncture s'est inversée et la pénurie menace, le débat sur la réforme de la PAC a pris un tour inattendu. Sur fond de hausse du prix de l'énergie (cf. W, p. 106-111), des céréales et du lait face à la demande des pays émergents, les tenants d'une agriculture durable peinent à se faire entendre.

De l'autosuffisance alimentaire au développement des zones rurales

Conçue en 1962 pour assurer l'autosuffisance de l'Europe et garantir les prix agricoles, la Politique agricole commune (PAC) a sans cesse été remodelée depuis. Les règlements font jouer la préférence communautaire au détriment des produits venant de l'extérieur, soumis à des droits de douane à leur entrée dans l'UE, pour protéger l'outil de travail des agriculteurs et la qualité de l'alimentation des Européens. De fait, lorsqu'il y a surproduction dans certains secteurs, l'UE rachète leurs surplus aux producteurs à des prix supérieurs aux cours mondiaux et les exporte. Ce qui pose problème, au sein de l'Organisation mondiale du commerce (OMC), à des pays comme l'Inde et le Brésil, qui réclament la suppression de ces mesures protectionnistes.
Par ailleurs, des aides directes sont accordées aux agriculteurs, indépendamment des volumes de production mais subordonnées au respect de certaines normes environnementales. En dehors de la

régulation de la production et des aides aux agriculteurs, une autre mission de la PAC, plus récente, vise à favoriser le développement rural.
La Commission européenne a procédé à une remise à plat du système en novembre 2007 et a annoncé en mai 2008 la suppression progressive de l'aide directe à la production, ainsi que la fin des subventions pour les grands producteurs. Les quotas laitiers, attribués par pays et par bassins de production, devraient également être abolis à l'horizon 2015. En contrepartie, la Commission européenne s'est prononcée en faveur du développement renforcé des zones rurales et d'un engagement plus fort pour une agriculture durable. Des mesures qui se heurtent à l'opposition de certains gouvernements, comme celui de la France et de l'Autriche, mais qui pourraient entrer en vigueur fin 2008 et préparer une nouvelle réforme pour la fin 2013.

Des attentes et des intérêts divergents

Les Vingt-Sept sont tous d'accord sur la nécessité d'une réforme mais ils n'ont pas les mêmes intérêts nationaux, selon le type d'agriculture qu'ils pratiquent. Ainsi le Royaume-Uni, qui abrite de grandes propriétés, dont certaines appartiennent à la famille royale, voit d'un mauvais œil la volonté de la commissaire danoise à l'Agriculture, Mariann Fischer Boel, de réduire le montant des subventions les plus élevées : « *Pour éviter une baisse des aides, les fermiers seront conduits à scinder leurs propriétés* », a aussitôt affirmé un diplomate britannique. En revanche, un petit pays comme le Danemark, extrêmement compétitif dans le secteur laitier (1) et dans celui de la viande de porc, a été le premier à se prononcer fermement en faveur des réformes, dès les années 1990, prônant une approche libérale et compétitive de l'agriculture. Michel Barnier, ministre français de l'Agriculture et élu d'un département de montagne, se montre plus réservé que son collègue danois même s'il déclare aborder la négociation « *dans un esprit ouvert* ». Pour lui, la suppression des quotas laitiers n'est envisageable qu'à deux conditions : le maintien des bassins de production dans les zones de montagne et la possibilité pour les producteurs de s'assurer des débouchés sur le long terme.

Q COMME

QUOTAS LAITIERS

Une réforme indispensable

Les agriculteurs français, premiers bénéficiaires de la PAC, ne sont pas opposés à la «refondation indispensable » annoncée par le président Sarkozy. De la Fédération nationale des syndicats d'exploitants agricoles (FNSEA), le syndicat majoritaire, à la Confédération paysanne, son rival historique fondé par José Bové et d'autres syndicalistes minoritaires en 1987, en passant par la Coordination rurale, tous conviennent que la PAC a besoin d'un sérieux coup de jeune. L'envolée des prix agricoles leur donne un argument de poids. Portés par l'explosion de la demande chinoise, ils ont bondi en septembre 2007 en France de 18,3 % sur un an, avec notamment une flambée de 95,8 % du prix des céréales. Conséquence : la PAC, qui depuis des années rationnalise la production pour faire monter les cours agricoles, paraît totalement inadaptée. Quant aux aides versées aux agriculteurs pour garantir leur revenu, elles perdent quelque peu leur raison d'être. « *Il est impensable qu'on continue de verser les mêmes aides à des céréaliers alors que leurs revenus explosent* », juge la Confédération paysanne, qui plaide pour une mutualisation des aides pour prévenir un effondrement des cours. « *Il faut diminuer le montant des aides individuelles tout en se dotant de filets de sécurité* », renchérit la FNSEA, qui estime que « *l'UE devrait pouvoir moduler le budget de la PAC en fonction de l'évolution des cours.* »

Pour une agriculture durable

Cette rare unité agricole vole en éclats quand il s'agit d'évoquer d'autres pistes. Pour les tenants d'une agriculture durable, la cause est entendue : la PAC, longtemps accusée de favoriser les grandes exploitations et d'inciter ainsi au productivisme, doit désormais faire de la préservation de l'environnement son objectif prioritaire. En France, après la décision prise en 2007, lors de rencontres appelées «Grenelle de l'environnement »

À lire

- Philippe-J. Dubois, Élise Rousseau, Frédéric Malenfer, *L'Agriculture racontée aux enfants*, La Martinière Jeunesse, 2007.

- Henri Mendras, *La Fin des paysans*, collection « Babel », Actes Sud, 1992.

- Marcel Mazoyer, Laurence Roudart, *Histoire des agricultures du monde. Du Néolithique à la crise contemporaine*, collection « Points Histoire », Seuil, 2002.

- Marie-Monique Robin, *Le Monde selon Monsanto, de la dioxine aux OGM, une multinationale qui vous veut du bien*, ARTE Éditions-La Découverte, 2008 et en DVD, ARTE Vidéo, 2008.

entre toutes les parties concernées, de réduire de moitié l'usage des pesticides, le contexte semble favorable. Mais le chemin est long et certains agriculteurs engagés dans les filières bios s'estiment aujourd'hui pénalisés par la PAC. Face à l'explosion de la demande mondiale, le ministre de l'Agriculture a déclaré fin 2007 qu'il allait falloir « *produire plus et mieux.* » Sachant inévitables les passes d'armes au plan national, notamment autour de l'interdiction de la culture du maïs transgénique (2), et s'attendant à d'âpres débats au plan européen, la France a trouvé une alliée de poids en la Pologne, autre grand pays agricole qui a su profiter de la PAC depuis son adhésion en 2004 (3). Deux pays bien décidés à affronter ensemble les États membres hostiles au train de vie de la PAC. Entre cure d'austérité et soins au long cours, la PAC cherche le remède miracle.

(1) La plus grande coopérative laitière européenne, Arla, est danoise. Elle jouit d'un quasi-monopole pour la collecte du lait et exporte dans toute l'Europe.

(2) En faisant jouer la clause de sauvegarde à l'encontre du maïs transgénique Monsanto MON 810, la France a rejoint l'Autriche, la Hongrie et la Grèce, interdisant provisoirement la vente et la culture d'OGM.

(3) Ancien grenier à blé de l'Europe centrale et orientale avec l'Ukraine, la surface agricole utile représente 59 % de la surface totale de la Pologne. Avec 1,8 million d'exploitations agricoles peu mécanisées pratiquant des méthodes extensives avant son entrée dans l'Union européenne, l'agriculture polonaise faisait peur aux agriculteurs français. Mais des voyages d'études et des coopérations entre régions spécialisées dans le même type de productions ont amené une meilleure connaissance des atouts et des faiblesses des uns et des autres, y compris dans le domaine de l'agriculture biologique.

R comme RECHERCHE

La recherche fondamentale a pour but de faire avancer la connaissance. Ses découvertes permettent des percées dans les différents domaines de la recherche appliquée, comme par exemple la recherche stratégique dans le secteur politico-militaire ou la recherche sur le génome humain en médecine.

—

La Charte européenne du chercheur, élaborée par la Commission européenne, entend par « recherche » : les « activités dans les domaines de la recherche fondamentale, de la recherche stratégique, de la recherche appliquée, du développement expérimental et du transfert des connaissances, y compris l'innovation et les activités de conseil, de supervision et d'enseignement, la gestion de la connaissance et des droits de propriété intellectuelle, l'exploitation des résultats de la recherche ou le journalisme scientifique. »

—

R COMME

RECHERCHE

Depuis plusieurs années, la science européenne a décroché par rapport à la recherche américaine. Ce constat a entraîné une prise de conscience : pour la première fois en 2008, le poste consacré à la Recherche et au Développement (R&D) dans le budget communautaire est passé devant celui de la Politique agricole commune (PAC) (cf. Q, p. 80-85). Rattrapage heureux au vu des objectifs ambitieux qui visent à faire de l'Europe l'économie de la connaissance la plus compétitive du monde. Pour y parvenir, au-delà des moyens financiers, le monde de la recherche a besoin de la reconnaissance de la société civile et de la communauté scientifique.

Le départ des jeunes chercheurs aux États-Unis : un symptôme grave

La qualité des résultats produits par les équipes de chercheurs est mesurée par « l'impact » des articles scientifiques. Les articles américains sont cités 1,5 fois plus fréquemment par la communauté scientifique que ne le sont les articles européens. Le départ des jeunes Européens - britanniques et allemands surtout - vers les États-Unis, après l'obtention de leur doctorat (cf. I, p. 42-47), constitue un autre signal d'alerte, même si cette fuite des cerveaux prouve que les chercheurs formés sur le Vieux Continent sont compétents. Conséquence : la proportion de chercheurs dans la population active de l'Union européenne est de 5,4 pour 10 000, contre 8,8 aux États-Unis.

La stratégie de Lisbonne : une première réponse

A contrario, quand il y a coopération en matière de recherche au plan européen, les chercheurs se hissent à la pointe du savoir mondial. Le Centre européen de recherche nucléaire (CERN) a fêté son cinquantenaire en 2004 après avoir accueilli les travaux de trois prix Nobel de physique. De même, le projet civil européen de positionnement par satellite Galileo, dont le financement est assuré par la Commission européenne jusqu'en 2013, est en passe de mettre un terme au monopole américain du dispositif Global Positioning System (GPS).
La stratégie de l'Union européenne, énoncée en 2000 lors d'un sommet tenu à Lisbonne, et réaffirmée en 2005, confère un rôle de premier plan à la recherche au service de la croissance et de la cohésion sociale. Cette responsabilité peut sembler démesurée au vu des restrictions de crédits qui affectent la recherche fondamentale par rapport à la recherche appliquée jugée plus « utile ». Ces tensions qui traversent la recherche ne sont pas nouvelles ; elles permettent de saisir les traits distinctifs et les atouts de la science européenne par rapport à la science américaine, considérée comme le havre de l'excellence, compte tenu de sa production, de ses prix Nobel et de sa visibilité.

L'innovation ouverte et les préoccupations citoyennes

Si l'on se réfère aux liens avec la sphère économique, les chercheurs européens sont dans une situation défavorable par rapport à leurs collègues asiatiques et américains : à compétence égale, un chercheur indien coûte quatre fois moins qu'un Européen. D'autre part, l'Europe fait preuve d'excellence dans des secteurs à croissance lente (comme la chimie), alors que les États-Unis brillent dans des créneaux dynamiques comme l'informatique ou les biotechnologies. En dépit de cette situation, la science européenne, reflétant l'opinion publique des États membres, fait preuve d'une grande réceptivité à l'égard des questions environnementales. Dans un contexte qui voit le changement climatique s'imposer comme une priorité internationale, vraisemblablement durable (cf. W, p. 106-111), cette sensibilité place les chercheurs européens dans une situation favorable, par rapport à leurs collègues et concurrents américains et asiatiques, pour répondre aux préoccupations citoyennes dans ce domaine. Par ailleurs, l'émergence d'un modèle d'«innovation ouverte », qui annonce une interaction renforcée avec les citoyens et les utilisateurs, peut présenter des opportunités pour l'Europe. Les consommateurs et les chercheurs européens, du fait de leur niveau d'exigence, devraient être sollicités par les multinationales pour participer au développement de nouveaux produits et services.

À consulter

- Une brochure de présentation du septième programme-cadre de R&D de la Commission européenne est accessible au : http://ec.europa.eu/research/fp7/pdf/fp7-brochure_fr.pdf

- La Commission européenne consacre de nombreux documents en français au projet Galileo : applications, partenariat, programme... http://ec.europa.eu/dgs/energy_transport/galileo/index_fr.htm

- Le Conseil européen de la recherche présente une analyse en anglais de sa contribution à la création d'un espace européen de la recherche : http://erc.europa.eu/

- Le site du CERN retrace, en français, photos scientifiques et explications claires à l'appui, l'aventure du plus grand laboratoire de physique des particules au monde. http://public.web.cern.ch/public/Welcome-fr.html

De nouvelles structures réellement européennes

Les scientifiques, habitués au face-à-face avec les pouvoirs publics nationaux, ont appris à travailler avec de nouveaux interlocuteurs à l'échelon communautaire (Commission européenne et Conseil européen de la recherche), et avec des institutions supranationales comme l'Agence spatiale européenne (ESA) et le CERN. La diplomatie s'est mise au service de la recherche scientifique, comme en témoignent la collaboration internationale dans le domaine de la fusion nucléaire avec l'implantation du laboratoire Iter en France et la géolocalisation par satellite (Galileo).

S comme STYLES DE VIE

Nos façons de vivre sont modelées
par les réalités économiques
mais aussi par l'air du temps, créant
une mythologie du quotidien repérable
dans la mode, le design, la façon
de faire la fête, l'art de vivre…
pendant que les artistes, eux, créent
leur propre style. Variation subjective
en quatre temps sur le thème du style
et des styles (de vie).

—

« Une société quelconque est d'abord faite de son passé,
de ses mœurs, de ses usages : ensemble de facteurs irrationnels
contre quoi les idées théoriques s'acharnent. »

—

Claude Lévi-Strauss, *La Pensée sauvage*, 1962.

—

S COMME
STYLES DE VIE

L'uniformisation des modes de vie, liée à l'attrait exercé après guerre par l'*American way of life* et à l'urbanisation, se poursuit, même si des différences subsistent d'un pays à l'autre. À preuve la persistance des clichés pour les décrire… Malgré tout, à la question «Existe-t-il un mode de vie européen ? », un paysan du Sahel tunisien répondra : «Sécurité sociale et assurance chômage » ; un couple new-yorkais parlera de «cuisine et vacances » et un étudiant chinois à Paris de «l'impérialisme et de la fête ».

La fidélité finlandaise aux racines

La Finlande compte 2 millions de saunas pour 5 millions d'habitants, soit presque autant que de voitures individuelles. Le besoin de se laver, de se détendre, de se vider l'esprit, pousse les Finlandais de tous âges, hommes et femmes, ensemble ou séparément, à prendre au moins une fois par semaine un bain de vapeur dans un lieu où règnent une chaleur et une humidité extrêmes et où flottent des odeurs de bois. S'ils sont à la campagne, ils sortent ensuite plonger dans un lac glacé ou se rouler dans la neige. Le sauna remonte à des traditions religieuses antérieures au christianisme et établit « *un lien entre le rural et l'urbain* ». Patrons et syndicalistes sont capables de se retrouver en tenue d'Adam dans les mêmes saunas. Cela développe, semble-t-il, le sentiment d'égalité. Les étrangers vivant en Finlande en conviennent : « *On ne peut pas imaginer la société finlandaise sans sauna.* »

En Allemagne, maison verte et vélo

Avec la flambée des prix des énergies fossiles (cf. W p. 106-111), les Allemands s'intéressent de plus en plus aux «maisons vertes », qui, grâce à des ressources alternatives, assurent en partie leur autosuffisance en énergie. Une «thermopompe » apporte à l'intérieur d'une maison la chaleur accumulée dans le sol, des panneaux solaires permettent d'économiser entre 25 et 30 % d'énergie par an… Pour se tenir informés des nouveautés, les Allemands consultent des sites spécialisés devenus très populaires. Par ailleurs, l'État accorde des prêts à taux avantageux pour encourager la construction des maisons écologiques. Les Allemands sont aussi vivement invités par le ministère des Transports et de l'Urbanisme à prendre le vélo, le bus ou le train (qualifiés de *umweltfreundlich* : gentils avec l'environnement) - un trajet en voiture correspondant à la pollution de quarante trajets en bus…

Au sud : la famille rempart contre la précarité

Au nom de la mobilité, les jeunes les plus chanceux ou les plus aventuriers filent en Eurostar à Londres faire la plonge dans un restau ou devenir un parfait *trader* à la City ; ceux qui ont du mal à transformer leurs stages successifs en contrat de travail sont condamnés à la précarité. Pour ceux-là, la tentation de rester vivre

À voir

■ Un géant du meuble suédois propose sur le site BoKlok des maisons « vertes » aux Scandinaves et aux Britanniques. http://www.boklok.com/

■ La comédie française *Tanguy* d'Étienne Chatiliez (TF1 Vidéo), met en scène un adulte habitant chez ses parents.

■ *Design*, volumes I et II, ARTE Vidéo, 2006 et 2007, raconte l'histoire du XXe siècle à travers des objets industriels qui ont reflété leur époque tout en anticipant l'avenir.

À lire

■ *Petit voyage dans l'âme allemande*, Grasset, 2007, par Vanna Vannuccini et Francesca Predazzi, deux journalistes italiennes.

■ *« S'il n'y avait pas la famille, tout s'effondrerait »*, estime l'écrivaine Espido Freire, trente-trois ans, qui a consacré deux essais au phénomène des *mileuristas* dont *Mileuristas, Retrato de la generacion de los Mil Euros*, Ariel, 2006.

chez leurs parents est grande, surtout chez les Espagnols et les Italiens. En Espagne, on les appelle les « *mileuristas* » car ils gagnent 1 000 euros par mois, et en Italie, les « *bamboccioni* ». Dans leur appartement napolitain, Marco Demarco, qui dirige le quotidien *Corriere del Mezzogiorno*, et son épouse Ornella, qui travaille à l'université, ex-soixante-huitards, se souviennent de leur révolte contre l'autoritarisme de leurs parents. « *Les* bamboccioni *d'aujourd'hui ne sont ni de gauche ni de droite : la rébellion contre la famille est finie. Pourquoi partiraient-ils, alors qu'ils ont tout chez leurs parents : les courses, le ménage, la petite amie, l'argent de poche pour les loisirs ?* » Leur fils Daniele, vingt-neuf ans, doctorant en philosophie, titulaire d'une bourse de 800 euros, trouve moins immature de rester chez eux plutôt que de se faire payer par eux un studio : « *Presque tous mes amis habitent chez leurs parents. En attendant de trouver un vrai emploi, on ne peut pas faire autrement* », conclut-il.

Paris, à la recherche du style

À Paris, la maison Chanel et son emblème - le parfum numéro 5 - demeurent un mythe vivant et une affaire florissante. Dès l'origine, Coco Chanel a su incarner sa griffe en tablant sur son style. D'instinct, elle lie le vêtement à un type de femme et à un mode de vie : « *Chanel s'est bâti sa propre mode suivant ses besoins* », souligne son ami l'écrivain Paul Morand. Et Louise de Vilmorin, dans *Mémoires de Coco*, insiste sur son besoin de liberté et son horreur des carcans. Après la mort de Chanel en 1971, la maison de la rue Cambon s'assoupit jusqu'à l'arrivée de l'Allemand Karl Lagerfeld en 1983. Son constat tombe comme un couperet : « *Un mythe, ça se mite.* » Il bouscule l'esprit des collections tout en restant fidèle au perfectionnisme, aux codes et à la définition du luxe de Mademoiselle Chanel : « *Le luxe, ce n'est pas le contraire de la pauvreté mais celui de la vulgarité* », soulignait-elle. Mais si Chanel continue à incarner le style et le luxe «à la française », Paris n'est plus la seule capitale européenne de la mode. Chaque année, au moment des collections, Milan lui dispute la vedette tandis que les jeunes créateurs belges ou espagnols trouvent d'autres moyens de faire parler d'eux à Anvers, Berlin ou Barcelone.

T comme TRADUCTEURS

Sans les traducteurs, notre univers serait limité à notre langue maternelle et aux langues que nous apprenons. Grâce à eux, nous surmontons les barrières linguistiques dans la vie quotidienne et découvrons des œuvres écrites ou filmées dans des langues que nous ne parlons pas.

—

« [...] toute traduction pose le problème du rapport entre les cultures,
autrement dit la question de ce qui a valeur, et peut-être même valeur universelle,
dans le débat qui s'instaure entre ces cultures
dès le moment où un traducteur les rapproche. »

—

Yves Bonnefoy, *La Communauté des traducteurs*, Presses universitaires de Strasbourg, 2000.

—

ESPAGNOL
ANGLAIS
FRANÇAIS
ALLEMAND
SUÈDOIS
POLONAIS
SLOVENE
UKRAINIEN

La question des langues est sensible parce qu'elle est liée à l'identité régionale et nationale. La diversité linguistique, comme la diversité culturelle et religieuse, renforcées par la présence de langues non européennes apportées par les migrants avec eux, sont sources de richesse mais aussi de tensions pour l'Europe. De plus, l'apprentissage des langues reste du ressort des systèmes d'éducation nationaux. La Commission peut seulement fixer un cap, adopter une politique linguistique et chercher à s'y tenir, malgré la tentation du tout-anglais. Les partisans de la diversité linguistique veillent au grain et tirent périodiquement la sonnette d'alarme.

Pour un linguiste, une langue qui meurt, c'est un monde qui disparaît

George Steiner, linguiste et écrivain, interprète le mythe de Babel à l'envers : *« Loin d'être une catastrophe punitive, le don de la multiplicité des langues fut un incommensurable bienfait. Chaque langue humaine constitue une expérience, une perception, une construction intégrale du monde. Il n'y a pas de "petites langues". Acquérir une nouvelle langue, c'est pénétrer et habiter un monde nouveau »*, a-t-il écrit en 2005 dans une préface destinée à une encyclopédie internationale de la recherche sur la traduction, en soulignant que l'extinction d'une langue est de ce fait une perte irréparable. Au quotidien, les appels des linguistes n'empêchent pas les politiques d'opérer des coupes claires dans les budgets des instituts culturels à l'étranger. Quant aux enseignants, ils n'ont pas toujours les moyens d'adopter des approches et des méthodes qui favorisent la découverte d'une autre langue de façon vivante, par exemple à travers le théâtre.

La suprématie de l'anglais est-elle une menace inéluctable ?

Dans un monde ouvert, la pluralité des langues est une donnée et une langue véhiculaire, une nécessité. Autrefois, cette langue véhiculaire a été le grec, le latin puis le français (cf. Z, p. 120-123). Aujourd'hui, c'est avant tout l'anglais pour les scientifiques, les hommes et les femmes d'affaires, les touristes... Cela ne signifie pas la disparition des autres langues internationales, nationales et régionales. Sur Internet, l'anglais jouissait d'un quasi-monopole il y a dix ans ; l'arrivée du chinois, du japonais, de l'espagnol, de l'allemand, du français et du coréen est en train de modifier le paysage. L'utilisation des technologies de l'information n'est pas obligatoirement synonyme d'uniformisation et de banalisation (cf. G, p. 34-37). D'ailleurs, la Commission encourage la production et la diffusion de contenus multimédias en plusieurs langues.

Au sein de l'UE, la diversité linguistique est un droit démocratique

Utiliser sa langue maternelle et être compris par les autres dans cette langue est un droit au sein des institutions européennes. Ce droit a un coût : 1,1 milliard d'euros par an, soit 1 % du budget de l'UE. Au moment de l'élargissement de 2004, quand le nombre de langues officielles de l'UE est passé de onze à vingt, un responsable des services de traduction et d'interprétation avait lancé un SOS : « *Si vous connaissez quelqu'un qui peut traduire du maltais au finnois, faites-le nous savoir !* » Depuis 2007, avec l'arrivée de la Bulgarie et de la Roumanie, et la reconnaissance du gaélique, la langue de l'Irlande, la Commission et le Parlement européen travaillent en vingt-trois langues (1). Soit 506 combinaisons possibles. Les documents à traduire avant une session parlementaire demandent environ quinze jours de travail et toute séance plénière, près de soixante-dix interprètes. Les gestionnaires sont tentés de réduire ces budgets mais un responsable fait remarquer que personne ne peut exiger des députés qu'ils maîtrisent plusieurs langues : « *Ils n'ont pas été élus pour leurs compétences linguistiques !* » Pourtant la Commission prône le multilinguisme pour tous, à savoir la maîtrise de deux langues en plus de sa langue maternelle (2). On en est loin : seul un citoyen européen sur deux déclare pouvoir s'exprimer dans une langue étrangère.

L'enjeu des industries culturelles

Dans un ouvrage intitulé *Constituer l'Europe*, le philosophe Bernard Stiegler insiste sur l'enjeu des industries culturelles liées à la question du pluralisme linguistique : « *L'Europe n'a aucune raison d'imiter l'Amérique du Nord. Elle a derrière elle 2 500 ans de culture. Elle tient à cet "héritage culturel" qui peut apparaître, pour des esprits à courte vue, comme un poids du passé, alors qu'il constitue évidemment la chance même d'un avenir. [...] Les Européens, qui ne sont pas les Américains, désirent faire de leur passé un avenir, et c'est ce à quoi doivent s'employer les décideurs publics et privés.* » Développer des industries culturelles puissantes implique d'investir et dans la créativité et dans une politique d'adaptation en plusieurs langues.

À lire

- George Steiner, *Après Babel, une poétique du dire et de la traduction*, Albin Michel, 1998.
- Yves Bonnefoy, *La Communauté des traducteurs*, Presses universitaires de Strasbourg, 2000.

À consulter

- eTwinning est une opération de jumelage électronique entre établissements scolaires européens des premier et second degrés. Une action du programme de la Commission européenne « Éducation et formation tout au long de la vie » : www.etwinning.net
- Le site des Assises de la traduction littéraire en Arles (ATLAS), une manifestation internationale sur un thème différent chaque année : www.atlas-citl.org
- Le rapport sur les langues, remis par Amin Maalouf à la Commission européenne en 2008, intitulé « Un défi salutaire » : http://ec.europa.eu/

(1) Et trois alphabets différents : le grec, le latin et le cyrillique pour le bulgare.

(2) L'écrivain d'origine libanaise Amin Maalouf a suggéré, en 2008, que l'une de ces langues devienne une sorte de seconde langue maternelle ou *langue personnelle adoptive* avec laquelle on tisse des liens forts.

U comme ULYSSE

**Ulysse, le héros à l'origine
de la littérature européenne
et notamment du roman,
était un aventurier. Après lui,
les écrivains ont inventé des mondes
qui rendent le réel plus habitable.**

—

« Je ne suis pas le nettoyeur d'une rue de l'Occident qui avance avec sa charrette, mais j'ai tout de même en face de moi les fragments d'une civilisation qui a été la nôtre. La tâche de l'écrivain est d'en recueillir les bribes. »

—

Antonio Tabucchi, écrivain italien, dans un entretien accordé au *Monde de l'éducation* en 2002.

—

U comme
ULYSSE

Il était une fois, il y a plus de 3 300 ans, un homme nommé Ulysse (*Odysseus* en grec ancien). Il a quitté son domaine agricole pour participer à la guerre de Troie. La guerre lui prit dix ans. Le retour au pays, jalonné d'obstacles, dix autres années. Son histoire aurait sombré dans l'oubli si Homère – ou les multiples conteurs qui se cachent derrière lui – n'avait eu l'idée de la raconter dans un long poème épique, l'*Odyssée*. Les amoureux de la littérature n'en ont pas fini avec le personnage d'Ulysse, archétype du héros littéraire européen, à la descendance impressionnante.

L'inventeur de la nostalgie

Quand Jacques Lacarrière (1) découvre la Grèce en 1947, il ne se doute pas combien sa rencontre avec Ulysse va marquer sa vie et son œuvre. Le poète Georges Séféris (2), dont il est devenu l'ami, lui lit des extraits du chant XXIII de l'*Odyssée*, où Ulysse retrouve enfin Ithaque sa ville natale, en prononçant les mots d'Homère avec le rythme et les intonations du grec moderne. Pour être capable d'entrer dans l'œuvre aujourd'hui, il est important de comprendre le mot « nostalgie », qui est au cœur de l'épopée. *Nostos*, c'est le retour, le besoin de retourner vers les siens. Et *algie*, la douleur, la souffrance quand le retour vers la terre natale est impossible. Ulysse doit sans cesse affronter des épreuves nouvelles avant de pouvoir inverser le destin, avec l'aide de la déesse Athéna, sa protectrice indéfectible. Ainsi il acquiert une stature et un mérite que les autres hommes de son temps n'ont pas connus. L'épisode de sa rencontre avec la déesse Calypso, dont il est l'otage et l'amant pendant sept ans dans un cadre idyllique, est édifiant à cet égard. Calypso propose à Ulysse l'immortalité mais il la refuse. Arrivé à ce stade de son initiation, il est profondément attaché à son destin d'homme, au souvenir de Pénélope, sa femme, et au lien tissé avec elle. Le retour est proche. Reste, pour le poète, à résoudre le problème de l'identification du revenant à une époque où, faute de carte d'identité, chacun était censé conserver la moitié d'une pièce de monnaie pour être en mesure de reconnaître l'autre. Mais Ulysse et Pénélope n'avaient pas pris cette précaution... La trace qu'a laissée Ulysse dans l'imaginaire de Jacques Lacarrière, mais plus largement dans l'histoire de l'Occident, s'explique par le fait qu'il condense des archétypes essentiels : celui du guerrier, de l'ami et de l'époux fidèle, de l'aventurier intelligent et rusé. Au terme de son itinéraire, il est devenu un personnage qui n'est pas imitable, à la manière de Sindbad le marin dans les contes des *Mille et Une Nuits*.

Une postérité sans égale à travers le roman européen

Dans un roman intitulé *L'Ignorance*, l'écrivain d'origine tchèque Milan Kundera, qui écrit dorénavant en français, souligne qu'*« Ulysse, le plus grand aventurier de tous les temps, est aussi le plus grand nostalgique. »* Après lui, pour exprimer cette notion fondamentale, les Européens utiliseront soit le mot d'origine grecque, soit un mot propre à leur langue (cf. T, p. 94-97) comme *añoranza* en espagnol, *saudade* en portugais, *stesk* en tchèque ou *Sehnsucht* en allemand, le désir de ce qui est absent. *« Sous cet éclairage étymologique,* poursuit-il, *la nostalgie apparaît comme la souffrance de l'ignorance. Tu es loin et je ne sais pas ce que tu deviens. Mon pays est loin et je ne sais pas ce qui s'y passe. »* Pour Kundera, qui s'intéresse précisément à l'art du roman (3), forme littéraire qui succède à l'épopée et aux chansons de geste à la fin du Moyen Âge, *« le fondateur des Temps modernes n'est pas seulement Descartes mais aussi Cervantès. »* Le roman défriche, à travers des *« ego imaginaires appelés personnages »*, l'ambiguïté de l'existence et sonde le temps. Et les découvertes des successeurs de Cervantès - Samuel Richardson, Gustave Flaubert, Marcel Proust, James Joyce, Thomas Mann, Hermann Broch, etc. - appartiennent à l'Europe tout entière. C'est seulement dans ce cadre supranational qu'on peut saisir la valeur de leurs œuvres et leur portée. *« Le roman,* écrit-il dans un texte prononcé à Jérusalem, *c'est le paradis imaginaire des individus. C'est le territoire où personne n'est possesseur de la vérité, ni Anna ni Karénine (4), mais où tous ont le droit d'être compris, et Anna et Karénine. »* Or, nous savons, conclut-il avec une certaine inquiétude, *« que le monde où l'individu est respecté (le monde imaginaire du roman, et celui réel de l'Europe) est fragile et périssable. »*

À voir et à lire

Quelques uns des derniers avatars d'Ulysse au cinéma et en littérature.

- Théo Angelopoulos, *Le Regard d'Ulysse*, ARTE Vidéo, 2007.
- Wolfgang Becker, *Good bye Lenin*, TF1 Vidéo, 2003, comédie sur la nostalgie de l'Est ou *Ostalgie* qui s'est emparée des Allemands de l'Est après la chute du Mur et la réunification allemande.
- Yannick Haenel, *Cercle*, collection « L'Infini », NRF, Gallimard, 2007 (cf. notamment dans Cercle III, XL, Le chant d'Ulysse, p. 468 à 471).

(1) Voyageur, écrivain, traducteur (1925-2005), il a raconté sa passion pour la Grèce dans *L'Été grec* (collection « Terre humaine », Plon, 1976) puis dans le *Dictionnaire amoureux de la Grèce* (Plon, 2001).

(2) Georges Séféris est le premier écrivain grec à avoir obtenu le prix Nobel de littérature en 1963.

(3) *L'Art du roman*, NRF, Gallimard, 1993.

(4) Anna Karénine a donné son nom au célèbre roman de Tolstoï : *Anna Karénine*. Son mari, Karénine, deuxième personnage du drame, est détrôné dans le cœur d'Anna par le comte Vronsky.

V comme VOYAGE

**Les pérégrinations professionnelles
sont parfois l'occasion
de rencontres qui sont autant
d'invitations au voyage
dans l'Europe réelle
et dans l'art européen.**

—

« L'art sert à rendre visible ce qui est invisible. »

—

Anne Teresa de Keersmaeker, chorégraphe belge.

—

V COMME VOYAGE

À quoi reconnaît-on un *European Trotter* ? À sa prédilection pour les réunions de travail à l'étranger, programmées avant ou après le week-end, afin de pouvoir découvrir, avant ou après sa rencontre professionnelle, des villes, des musées et des œuvres, en dehors des périodes touristiques. De 1990 à 2000, j'ai parcouru l'Europe pour ARTE afin de bâtir des partenariats avec des universitaires dans le domaine naissant du multimédia destiné à la formation. Les priorités de Bruxelles portaient sur le management, l'économie et les langues. L'art européen avait été oublié...

L'innovation, des champs de betterave aux palais vénitiens

Passer de l'université de technologie de Compiègne (UTC), construite dans les années 1970, à l'Institut universitaire d'architecture à Venise qui loge dans un vieux palais, le long du Grand Canal, près de l'église Santa Croce, est un exercice que Bertrand B., professeur d'économie, spécialiste du management de l'innovation, fait plusieurs fois par an. Le quartier de l'Accademia, où il descend, est désert en hiver. La galerie du même nom, ouverte en nocturne, propose des expositions temporaires où l'on peut découvrir des dessins de Léonard de Vinci sans la foule des touristes. Le surlendemain, il quitte Venise et attrape le premier train du matin pour Milan, la capitale économique de l'Italie du Nord, où Paolo P., son partenaire italien, et lui ont un rendez-vous à la chambre de commerce puis chez un éditeur spécialisé en économie. Sans la proximité avec Milan, la cité des Doges ne serait plus qu'une ville musée depuis longtemps.

La lumière du couchant sur un mur de brique à Dublin

Au printemps, j'arrive à Dublin, la ville à jamais présente dans l'œuvre de Joyce, pour rencontrer les responsables du Centre audiovisuel de l'université avec qui je vais me lancer dans des expérimentations de télévision interactive. Je descends dans un hôtel sans charme en plein centre-ville. Ma chambre donne sur une rue étroite bordée d'anciennes fabriques. À l'heure du couchant, les rayons obliques du soleil éclairent le mur d'en face. Les briques changent de couleur : elles deviennent dorées. Je pense aussitôt au « *petit pan de mur jaune* » évoqué par Proust dans *À la recherche du temps perdu*, à propos du tableau *Une vue de Delft*. Depuis, j'ai retrouvé Proust à Nancy, un soir où je dînais place Stanislas avec Paolo P., le Vénitien. Au dessert, le maître d'hôtel lui raconte l'anecdote qui attribue à Stanislas, roi de Pologne et duc de Lorraine, la découverte des madeleines. Amusé, Paolo ajoute, faisant allusion au rôle de la madeleine dans la Recherche : « *Si je comprends bien, sans Stanislas et sa cuisinière, nous serions passés à côté d'un des monuments de la littérature mondiale.* »

À lire

■ Sergio Bettini, *Venise*, Naissance d'une ville, collection « Philosophie imaginaire », éditions de l'Éclat, 2006.

■ Daniel Arasse, *Le Détail. Pour une histoire rapprochée de la peinture*, collection « Champs », Flammarion, 1999.

■ Sur le sentiment de la beauté, d'une civilisation à l'autre, l'essai d'un écrivain d'origine chinoise élu à l'Académie française en 2002 : François Cheng, *Cinq méditations sur la beauté*, Albin Michel, 2006.

À voir

■ *La Tragédie d'Hamlet* de William Shakespeare, mise en scène de Peter Brook, ARTE Vidéo, 2004, et *Le Roi Lear* de William Shakespeare, avec Michel Piccoli dans une mise en scène d'André Engel, ARTE Vidéo, 2007.

Du printemps finlandais à un été shakespearien

Tapio K., architecte de formation, nous accueille, le 12 mai, à Espoo, dans la banlieue d'Helsinki, souvent citée comme un exemple de ville satellite réussie. L'université de technologie, notre partenaire, est à quelques kilomètres du siège de Nokia. Le printemps est tardif cette année en Finlande et c'est le premier matin où il éclate littéralement.
Les étudiants reculent le moment d'entrer à l'intérieur du bâtiment, pourtant ouvert sur la nature environnante.
Le lendemain, Tapio nous emmène visiter les maisons et l'atelier construits au bord d'un lac, à Hvitträsk, dans les années 1900, par trois amis architectes dont le plus connu à l'étranger est Eliel Saarinen, un des maîtres du Jugend-stil – le style Art nouveau nordique. Nous nous retrouvons, un mois plus tard, à Thessalonique en Grèce. Tapio découvre la splendeur de l'été grec, l'opulence orientale du marché et la douceur du soir au bord de la Méditerranée. Je profite du creux de l'été pour aller faire de l'anglais intensif à Oxford. J'y resterais volontiers plus longtemps mais il est temps de partir si je veux voir à Stratford-upon-Avon la pièce de Shakespeare *Le Songe d'une nuit d'été* (1595) en version originale.

En Europe centrale, *« de la musique avant toute chose »*

En septembre, destination Poznan via Varsovie pour un projet pas du tout orthodoxe : monter un cours sur l'économie de marché pour les universités de l'Est avec des profs d'éco de l'Ouest dont certains anciens marxistes. Les bois alentour baignent dans une sorte d'été indien que les Polonais appellent *zlota polska jesien*, ou automne doré. Bohdan G., de l'Académie d'économie, nous reçoit dans une tour sans âme mais, en fin d'après-midi, il nous emmène à un concert donné dans la chapelle baroque de l'université, avant de nous inviter à dîner dans la vieille ville. Dernière étape : Prague. Dans cette ville qui compte presque plus de coupoles baroques que Rome, la musique est partout : à l'Opéra, dans les églises, chez les disquaires des rues qui montent au château, dans les rues romantiques du quartier de Malá Slana. Une musicienne des rues, vêtue de noir, le visage pâle, joue du violon adossée à un porche. Le musicien Leos Janácek aurait aimé cette scène.

W comme WAGON

Le wagon est le symbole de la première révolution industrielle, fondée sur la découverte de la machine à vapeur. Plus économe en énergie et moins polluant que la voiture et l'avion, il a de nouveau la cote. Aujourd'hui, après celle qu'a représentée la découverte de l'électricité, une troisième révolution s'annonce peut-être. En attendant, il nous faut apprendre à consommer moins d'énergie (cf. S, p. 92-93).

—

Le mot « énergie » vient du latin *energia*, du grec *energeia*, « force en action », et de la racine indo-européenne *werg*, « agir ». Dans la langue quotidienne, le mot signifie énergie vitale. En physique, il désigne un système capable de produire du travail. Au XIXe siècle, la machine à vapeur a symbolisé un progrès : l'énergie tirée des ressources naturelles devient le moteur du développement industriel. Mais, en retour, l'Europe dépend de ses sources d'énergie.

—

NORVEGE
RUSSIE
ALGÉRIE
PROCHE ORIENT

W COMME
WAGON

Opter pour une « mobilité durable » implique de préférer le rail à la route, pour les voyageurs comme pour les marchandises. Dans cette perspective, l'Allemagne est devenue le leader du fret ferroviaire européen. Et la France mise sur le développement des trains à grande vitesse (TGV) jusqu'à Bratislava, en Slovaquie. Les transports, l'énergie et l'environnement sont des domaines de plus en plus liés. Mais diminuer la pollution et faire des économies d'énergie ne suffit pas ; il faut aussi développer des énergies alternatives. Les choix sont délicats. C'est un chantier tourné vers le futur.

Vers une troisième révolution industrielle

Le chercheur américain Jeremy Rifkin plaide en faveur de l'hydrogène, gage d'une *« troisième révolution industrielle »*, après celles de la vapeur et de l'électricité. Source d'énergie non polluante et moyen de stockage des énergies alternatives, l'hydrogène est l'atome le plus léger de l'atmosphère, ce qui le rend apte à maintenir stables et donc à stocker d'autres atomes. Pour assurer l'exploitation et la circulation de ces énergies, les réseaux nationaux devront s'interconnecter. Cette vision rejoint le vœu de la Commission européenne qui encourage la mise en place d'un marché européen de l'électricité libéralisé. Elle préconise de séparer les activités de production et de transport pour faciliter l'interopérabilité des réseaux. Malgré l'opposition de la France et de l'Allemagne, le Parlement européen a opté en mai 2008 pour la désintégration progressive des *« mastodontes de l'énergie »*.

Le paquet énergie-climat proposé par la Commission en 2008

Depuis 2008, la Commission a rendu publiques ses propositions en matière d'énergie et d'environnement sous le nom de paquet énergie-climat. D'ici 2020, le paquet prévoit la réduction de 20 % des émissions de gaz à effet de serre et l'utilisation de 20 % d'énergies renouvelables sur l'ensemble de l'énergie consommée au niveau communautaire (contre 8,5 % aujourd'hui). Dans la même période, le pourcentage de biocarburants comme l'éthanol devrait atteindre 10 %. La Commission souhaiterait que ce programme soit adopté par les États membres d'ici fin 2008. La flambée des prix du pétrole crée un contexte favorable (cf. p. 110-111). L'Union posséderait ainsi un document de base pour la conférence prévue à Copenhague fin 2009 sur « l'après-Kyoto (1) ».

Le droit payant d'émission pour le pollueur

Le paquet énergie-climat a suscité de nombreuses controverses. Des organisations non gouvernementales (ONG), comme Greenpeace et Oxfam, ont objecté qu'une réduction de 20 % des gaz à effet de serre jusqu'à 2020 était insuffisante pour endiguer le changement climatique. *« Mais même 20 % semble un objectif ambitieux,* fait remarquer Simon Tilford du Center for European Reform (CER), *si l'Europe n'arrive pas à institutionnaliser le commerce des émissions de gaz à effet de serre.* » Pour le moment, le seul moyen concret pour parvenir à une baisse significative de ces gaz semble la mise en place d'un marché mondial des émissions, comme c'est déjà le cas pour le CO_2. Pour continuer d'émettre du CO_2, les grands pollueurs doivent payer des droits de pollution, qui s'élèvent actuellement à 25 euros par tonne émise. Même les grandes entreprises énergétiques commencent à s'accorder sur la nécessité d'un tel marché.

Le bien-fondé des biocarburants n'est pas tranché

Un autre volet du paquet énergie-climat pose également problème : le bilan écologique des biocarburants. Comme l'affirme le rapport *Think Global - Act European* (2), cette source d'énergie génère « *bien plus d'émissions de carbone que ne le prétendent ses partisans* » ; d'autre part elle « *menace d'exacerber l'inflation qui commence à gangrener les prix agricoles* » (cf. Q, p. 80-85). La Commission réfléchit déjà à des alternatives. En mai 2008, le commissaire européen aux Entreprises et à l'Industrie, Günter Verheugen, s'est prononcé en faveur de biocarburants de « *deuxième génération* » comme le biohydrogène, ne provenant pas des plantes destinées à l'alimentation.

La sécurisation des approvisionnements extérieurs

En mai 2008, le président de la Commission, José Manuel Barroso, a reconnu que le nucléaire est « *l'une des sources d'énergie les moins chères* » et qu'elle peut donc « *protéger l'économie européenne de la volatilité des prix.* » Mais si la tendance générale semble en faveur d'un retour du nucléaire civil, le rôle du nucléaire divise encore : l'Allemagne est contre, la France est pour. Du fait de sa dépendance énergétique face à des partenaires en position de force comme la Russie (cf. P, p. 74-79), les monarchies pétrolières du golfe Arabo-persique ou l'Algérie, l'UE a tout intérêt à faire bloc en jetant au plus vite les bases d'une Communauté européenne de l'énergie (3).

À consulter

- Le site de la fondation Nicolas Hulot, avec de nombreux espaces découvertes et une multitude de conseils pratiques sur les moyens d'économiser l'énergie : www.defipourlaterre.org
- La présentation du paquet énergie-climat et ses implications sur www.touteleurope.fr
- La version française de l'essai de Jeremy Rifkin sur la nécessité d'une « troisième révolution industrielle » sur le site : www.ectp.org/amsterdam2007.asp

(1) Le protocole de Kyoto est le premier accord international pour lutter contre le changement climatique, signé à partir de 1997 par quasiment tous les pays du monde, à l'exception des États-Unis. Il expire en 2012. L'UE, qui veut jouer un rôle moteur dans ce domaine, prépare déjà l'après-Kyoto.

(2) Rapport commandé à treize laboratoires d'idées européens par la Fondation pour l'innovation politique et l'association Notre Europe avant les présidences française, tchèque et suédoise de l'UE en 2008-2009 (cf. P, p. 74-79).

(3) En s'inspirant de la Communauté européenne du charbon et de l'acier (CECA) créée en 1951, premier jalon de la construction européenne.

L'EURO EN QUESTIONS

L'envolée de la monnaie unique face au dollar soulève interrogations et inquiétudes en Europe.

—

D'OÙ VIENT L'EURO ?

L'apparition de la monnaie unique dans les portefeuilles européens le 1er janvier 2002 a clos un long processus. Dès 1969, à La Haye, la Communauté économique européenne (CEE), ancêtre de l'Union européenne, proclame l'objectif d'une union monétaire. Mais il faut attendre près de vingt-cinq ans et le traité de Maastricht en 1992 pour que la monnaie unique européenne soit érigée en pilier de l'UE, avant qu'un nouveau texte ne scelle en 1995 le nom de la nouvelle devise. En 2008, « la zone euro », rejointe par Chypre et Malte, compte quinze États, soit la majorité des vingt-sept États membres de l'Union.

OÙ EN EST L'EURO ?

Étrennée dès 1999 pour les échanges commerciaux, l'euro a gagné très tôt ses galons de solidité, au point d'être devenue une monnaie forte, voire trop forte. Alors qu'un euro s'échangeait pour 0,88 dollar en janvier 2002, il en vaut aujourd'hui près du double et a franchi le seuil psychologique de 1,50 dollar. Cette tendance lourde, qui traduit notamment la méfiance des investisseurs vis-à-vis du dollar et de l'économie américaine, n'a pas que des effets favorables. D'un côté, les pays de la zone euro se satisfont d'une monnaie forte qui leur permet notamment de s'approvisionner à un coût moindre en pétrole, qui est, lui, libellé en dollars. Alors que le prix du baril atteint les 140 dollars et qu'on s'attend encore à des hausses, l'argument n'est pas mince. Mais d'un autre côté, l'euro fort renchérit considérablement le prix des exportations et entame la compétitivité de l'« eurozone » face à ses concurrents américains ou chinois. Aux yeux de certains économistes, « la hausse de l'euro coûte deux fois plus que ce qu'elle rapporte. »

OÙ VA L'EURO ?

Les politiques se sont emparés du débat. La France vitupère contre l'euro fort, accusé de « plomber » son commerce extérieur et sa croissance. Même l'Allemagne, qui a réussi jusque-là à tenir son rang de premier exportateur mondial, ne fait plus la sourde oreille. « L'euro fort pose naturellement problème », déclarait fin 2007 la chancelière Angela Merkel, rejointe par le président de l'Eurogroupe (1), Jean-Claude Juncker. Tous les regards sont désormais braqués sur le gardien du temple monétaire, la Banque centrale européenne. Indépendante des gouvernements, la BCE a pris l'habitude de maintenir son principal taux directeur – c'est-à-dire le loyer de l'argent – à un niveau élevé afin de garantir la stabilité de la monnaie européenne et d'enrayer les risques inflationnistes. Résultat : les investisseurs affluent vers des placements en euros devenus plus rémunérateurs, portant la monnaie unique vers des sommets. Tenue pour responsable de la flambée de l'euro, la BCE maintiendra-t-elle le cap en dépit des critiques ? « La BCE est dans une position difficile mais il n'existe pas de gouvernement économique européen pour faire efficacement pression sur elle », indiquent ces mêmes économistes. Selon d'autres sources plus optimistes, à moyen terme, le Danemark, le Royaume-Uni et la Suède seront amenés à abandonner leur scepticisme par rapport à la monnaie unique et à rejoindre la zone euro.

(1) Enceinte de coordination économique renforcée créée en 1997 par le Conseil européen, l'Eurogroupe réunit de façon informelle les ministres de la zone euro autour des questions monétaires.

X comme XÉRÈS (vinaigre de)

La couleur ambrée et les caractéristiques aromatiques du xérès espagnol lui valent sa renommée internationale, éclipsée ces dernières années par la vogue du vinaigre balsamique au goût aigre-doux.
Car les produits alimentaires n'échappent pas aux modes !

—

À Modène en Italie, à Orléans en France ou à Jerez de la Frontera en Andalousie, la fabrication du vinaigre doit beaucoup au hasard.
C'est en effet une bactérie d'acide acétique qui, un jour, a contaminé un tonneau de vin de Jerez, dit xérès, et l'a transformé en vinaigre.

—

X COMME XÉRÈS (vinaigre de)

Les universités du goût et le *revival* des cours de cuisine montrent combien les particularités culinaires et la gastronomie, qui reflètent la diversité des terroirs, les identités régionales et les modes de vie (cf. S, p. 90-93), permettent les échanges et les liens entre les Européens de façon conviviale. Au-delà de la diversité des produits et de leur préparation, un tour des tables européennes pose aussi la question de la qualité, du prix et du rapport entre les deux pour les consommateurs (cf. N, p. 66-69).

Diversité rime avec santé

Grâce à la recherche médicale sur la vie prénatale, nous savons désormais que le goût se forme d'abord *in utero* : selon notre lieu de résidence et notre mode de vie, nous n'avons pas la même façon de satisfaire nos besoins élémentaires quotidiens. En outre, les façons de se nourrir ont beaucoup évolué dans les pays occidentaux, depuis qu'ils ont vaincu disettes et famines au sortir du XIXe siècle, qu'ils ont modernisé leur agriculture après guerre et développé l'offre de produits transformés par l'industrie agroalimentaire (cf. Q, p. 80-85). Face à cette évolution concomitante avec un mode de vie plus sédentaire qui entraîne des risques nouveaux comme le surpoids et l'obésité, les nutritionnistes ont fort à faire pour rappeler quelques principes simples : manger moins gras et moins sucré, bouger, renouer avec la cuisine simple préparée chez soi. Mais dans toute l'Europe, des traditions culinaires originales continuent de vivre. Elles permettent de varier les plaisirs tout en prenant soin de sa santé. Helsinki et ses poissons fumés rivalise avec Utrecht qui détient la palme de la simplicité pour ses collations rapides en guise de déjeuner : œuf dur, concombre en lamelles, gouda au cumin, pain toasté, jus de carottes frais riche en bêta carotène, excellent pour l'organisme et pour la peau, pomme, thé ou café.
Quant à l'huître de l'Atlantique, rien de plus iodé et plus écologique, surtout lorsqu'elle est consommée sur son lieu de production. Quand il est relayé par des producteurs fiers de leurs produits et de leur terroir et par des bons vivants, le discours des nutritionnistes se fait mieux entendre. Les consommateurs redécouvrent alors des variétés de légumes et de fruits oubliés, apprennent à devenir attentifs à la provenance des tomates, à respecter la saison des fraises et des abricots avant de satisfaire leurs envies. À prix égal, voire inférieur, il est possible de privilégier l'authenticité, le plaisir des sens, le goût, les saveurs, et d'éviter l'uniformisation de l'alimentation.

« Dis-moi ce que tu manges, je te dirai ce que tu es »

Malgré les modes lancées par les publicitaires autour de produits nouveaux issus de l'industrie agroalimentaire, la maxime de Brillat-Savarin, en ouverture à sa *Physiologie du goût* (1825), reste vraie. La cuisine est le reflet

d'un patrimoine, d'une culture, d'une identité. Ainsi Roland Barthes disait-il dans *Mythologies* (1957) que : « *Le vin est senti par la nation française comme un bien qui lui est propre, au même titre que ses trois cent soixante espèces de fromages et sa culture. C'est une boisson totem, correspondant au lait de la vache hollandaise ou au thé absorbé cérémonieusement par la famille royale anglaise.* »
Il en est de même pour les tapas servies pour l'apéritif en Espagne avec du pain dur, gratté à l'ail puis badigeonné d'huile d'olive vierge et garni de tomates mûries sur le balcon. D'un pays à l'autre, les assiettes ne se ressemblent pas, les heures des repas varient de façon notable et les traditions évoluent. Mais partout la table réunit les gens pour un moment de convivialité. Maintenant qu'on n'oblige plus les enfants à finir leur soupe, elle n'est plus associée à d'affreux souvenirs et elle a de nouveau la cote. Les étudiants Erasmus s'échangent les recettes de leurs grand-mères respectives. Et, le dimanche, le sacro-saint déjeuner se transforme en *brunch* décontracté.

À lire

■ Claude Levi-Strauss, *Le Cru et le Cuit* et *Du miel aux cendres*, Plon, 1950 et 1967.

■ Sous la direction de Jean-Louis Flandrin et Massimo Montanari, *Histoire de l'alimentation*, Fayard, 1996.

■ Docteur Laurent Chevallier, *Impostures et vérités sur les aliments*, Fayard, 2008.

■ Évelyne Bloch-Dano, *La Fabuleuse Histoire des légumes*, Grasset, 2008.

À consulter

■ Le site de l'Université populaire du goût d'Argentan, créée en 2006 par le philosophe Michel Onfray :
http://www.up-argentan.fr

■ Le site de la communauté européenne des cuisiniers, Euro-Toques, rassemblés autour de la devise « Des artisans cuisiniers européens au service d'une alimentation saine » :
http://www.eurotoques-france.com

La gastronomie reste un plaisir rare qui a son prix

Les grands chefs vantent leur métier tout en reconnaissant, comme Pierre Gagnaire, qu'un ouvrier viendra s'asseoir à sa table une fois dans sa vie seulement. Anne-Sophie Pic, trente-sept ans, fille et petite-fille de chef, trois étoiles au guide Michelin depuis 2007, garde aussi du temps pour le bistrot qu'elle a créé à quelques mètres du restaurant familial et pour l'école de cuisine qu'elle a ouverte où elle partage son art avec les néophytes. Ferran Adrià, quarante-six ans, le chef catalan du restaurant El Bulli, sur la Costa Brava en Espagne, trois étoiles au Michelin également, met en avant, quant à lui, la notion de découverte : « *Goûter notre cuisine, ça se mérite. À Barcelone, on va dans les bons restaurants pour parler affaires, sans s'intéresser à ce qu'on mange. Alors que si vous êtes venu jusqu'ici, la seule chose importante, c'est ce que vous allez découvrir dans votre assiette !* » Bien que leurs tables restent inaccessibles au plus grand nombre, les grands chefs rejoignent le philosophe Michel Onfray, créateur de l'Université populaire du goût d'Argentan : « *la fracture sociale est aussi gastronomique* » et il faut tout faire pour la résorber.

Y comme YAHVÉ

Il y a près de 3 300 ans est apparue, au Proche-Orient, l'idée d'un Dieu unique qui a fini par supplanter les dieux antérieurs du polythéisme.
Puisant aux mêmes sources, le monothéisme a cependant donné naissance à trois religions : le judaïsme,
le christianisme et l'islam,
dont l'ancrage en Europe est à la fois ancien et toujours en évolution.

—

Dans la Bible hébraïque, ou Torah, Dieu est désigné sous trois noms.
Él – paradoxalement plus souvent employé au pluriel, *Élohim* –,
Adonaï, qui est aussi un pluriel, et *IHVH*.
On ne sait pas comment les Hébreux prononçaient ce dernier
et on l'a transcrit récemment par Yahvé.

—

Y COMME
YAHVÉ

Pour rendre compte du fait religieux en Occident, on invoque depuis longtemps l'étymologie du mot « religion ». Certains se réfèrent au verbe latin *religare*, relier, d'autres au verbe *relegere*, recueillir, observer le culte des ancêtres avec « scrupule ». Le christianisme, une fois qu'il s'impose dans l'Empire romain, pèse d'un poids considérable, aux côtés du judaïsme puis de l'islam dans l'Europe naissante. Ces trois religions représentent-elles une ou trois histoires ? En tout cas, dans les trois mondes de la Révélation, la volonté de penser Dieu s'élabore dans un dialogue avec les savoirs grec et romain (cf. Z, p. 120-123). Et, à partir des Lumières, des attitudes agnostiques ou athées face à la vie voient le jour puis s'affirment.

La lecture des textes

Les textes qui racontent le changement total de perspective par rapport aux religions antiques sont la Torah - le Livre des juifs, appelé Ancien Testament par les chrétiens -, le Nouveau Testament des chrétiens et le Coran des musulmans. La Genèse ouvre l'Ancien Testament. Elle est attribuée par la tradition à Moïse, qui aurait vécu au XIIIe siècle avant J.-C. Mais le récit a été rédigé en hébreu au VIe siècle avant J.-C. pendant l'exil du peuple juif à Babylone. Alors que Jésus et ses disciples parlaient en hébreu et en araméen, les évangélistes écrivirent le Nouveau Testament au Ier siècle après J.-C. en grec. Les traductions ultérieures du grec au latin et du latin aux autres langues dites « vulgaires » sont donc un exercice périlleux. Le Coran, réputé plus difficile encore à traduire, a été fixé en langue arabe au VIIe siècle après J.-C. Grâce à sa connaissance intime de l'hébreu, de l'araméen et de l'arabe, André Chouraqui (1) a dépoussiéré la traduction de ces textes anciens. Il invite à découvrir leur sens premier, avant qu'ils ne soient recouverts par le manteau de la tradition, les strates successives des commentaires, les interprétations divergentes et les manipulations, y compris politiques, qui ont commencé très tôt.

Les divisions au sein du monothéisme

En Europe, le glissement du polythéisme au monothéisme s'est fait sous le règne de l'empereur Constantin après sa conversion au christianisme, au IIIe siècle de notre ère. Le monothéisme représente un soubassement religieux commun aux pays de l'Europe. Cependant, des lignes de fracture importantes divisent la chrétienté au XIe siècle entre deux pôles rivaux : Rome et Byzance. Ligne de fracture encore vivante aujourd'hui, entre l'Europe de l'Ouest à majorité catholique et l'Europe de l'Est orthodoxe. Deuxième rupture : la Réforme de Luther et Calvin du XVIe siècle qui, après des guerres de religion meurtrières, fait basculer l'Europe du Nord vers le protestantisme. L'islam, présent dans la péninsule Ibérique du VIIe au XVe siècle, est majoritaire aujourd'hui uniquement en Bosnie-Herzégovine, en Albanie et en Turquie qui appartenaient à l'Empire ottoman du XIVe au XXe siècle. Mais il est présent de façon significative en France, en Allemagne, au Royaume-Uni du fait de la présence de communautés immigrées (cf. I, p. 42-47). Le nombre des agnostiques, très minoritaires au XVIIIe siècle, et des athées, interdits de cité jusqu'au XIXe siècle, est en hausse. Ils sont évalués à 25 % des Européens de l'Ouest, soit presque autant que les catholiques et plus du double des protestants, contre 12 % dans les pays d'Europe centrale et orientale, où l'athéisme d'État a disparu avec la chute du communisme et où la liberté religieuse est à nouveau garantie (cf. C, p. 14-17). Enfin, avant les pogroms puis le génocide juif pendant la Seconde Guerre mondiale, 85 % des juifs vivaient en Europe et près de la moitié en Russie. Aujourd'hui, ils vivent majoritairement aux États-Unis et en Israël.

Garantir la liberté de culte et la paix

Sous la pression des événements historiques, des migrations de population (cf. I, p. 42-47) et de quêtes spirituelles nouvelles, la géographie religieuse de l'Europe évolue : il y a maintenant une communauté bouddhiste importante au pied du Cervin en Suisse. Cependant, dans la vie quotidienne, la cohabitation entre les différentes familles religieuses ne va pas toujours de soi, du fait que la religion rassemble les croyants qui partagent la même foi et pratiquent les mêmes rites et exclut, d'un même mouvement, les autres croyants et les incroyants. L'œcuménisme (2) a été encouragé par le concile Vatican II en 1962-1965, après la réconciliation franco-allemande. Mais, depuis, le rapprochement des chrétiens et le dialogue entre les religions marquent le pas, sauf dans certaines communautés comme celle de Taizé en Bourgogne ou de Sant'Egidio à Rome. Enfin, les religions sécrètent toutes des formes de fondamentalisme et d'intégrisme. Les États et les représentants des différentes confessions tentent de les juguler en rappelant en permanence les principes de tolérance et de laïcité qui organisent l'espace public (cf. L, p. 56-59).

À lire et à voir

- Les textes sacrés traduits par André Chouraqui : *Tora et évangiles*, Desclée de Brouwer, 1990 ; *Le Coran ou l'Appel*, Robert Laffont, 1991.
- Le point de vue d'un spécialiste des religions sémitiques, Jean Bottéro, sur l'apparition de la croyance en un Dieu unique : *Naissance de Dieu. La Bible et l'historien*, Folio Histoire, 1992.
- Un classique : René Rémond, *Religion et société en Europe. La sécularisation aux XIXe et XXe siècles*, collection « Faire l'Europe », Seuil, 1998.
- Des regards critiques sur le devenir contemporain des trois traditions monothéistes : Jean Daniel, *La Prison juive. Humeurs et méditations d'un témoin*, Odile Jacob, 2004 ; Régis Debray, *Un Candide en Terre sainte*, Gallimard, 2007 ; Abdelwahab Meddeb, *L'Islam entre civilisation et barbarie*, Seuil, 2008.
- Pierre-Henri Salfati, *Le Talmud*, DVD, ARTE Vidéo, 2007.
- Gérard Mordillat et Jérôme Prieur, *L'Origine du christianisme et Corpus Christi*, DVD (ARTE Vidéo, 2004 et 2005) et leur dernier livre, *Jésus sans Jésus* (ARTE Éditions-Le Seuil, 2008).
- T. Celal, Chema Sarmiento et Youssef Seddik, *Mahomet*, DVD, ARTE Vidéo, 2003.

(1) André Chouraqui, né en Algérie, dans une famille juive séfarade originaire d'Espagne, fait des études de droit, de philosophie, de théologie et de langues orientales en France puis s'engage dans la Résistance. En 1957, il se fixe à Jérusalem dont il devient le maire adjoint tout en consacrant une part de son temps à une œuvre d'érudit. Il est mort en 2007.

(2) L'œcuménisme est un mouvement favorable à la réunion des Églises chrétiennes en une seule, à ne pas confondre avec le syncrétisme religieux qui opère la fusion d'éléments religieux différents.

Z comme ZARATHOUSTRA

« Dieu est mort », proclame Nietzsche dans *Ainsi parlait Zarathoustra* (1), ouvrage dans lequel il récuse la recherche de la vérité par la raison et les prétentions de la pensée scientifique. C'est là un point de rupture dans l'histoire européenne de la philosophie.

—

Le mot « philosophie » est une association du verbe grec *philein*, aimer (avec l'idée de désir, d'effort, de tension) et du nom *sophos*, qui veut dire à la fois savant et sage. Ce terme, central dans l'histoire de la philosophie, est demeuré non traduit. La discipline elle-même a longtemps été perçue comme étrangère (2).

—

Plusieurs voies mènent à la philosophie. Les professeurs inoubliables, les chemins de traverse, les cafés philo, les penseurs... Et les mots, souvent intraduisibles, qui ont servi à forger les concepts centraux de la pensée européenne. L'étude étymologique du vocabulaire de la philosophie montre à quel point la pensée se niche au creux du langage et souligne aussi combien elle s'est constituée en empruntant à d'autres langues, après sa naissance en Grèce et en grec. L'étude de ces mots est donc une initiation de première main à l'Europe de la philosophie, à l'Europe qui se pense pour mieux se projeter dans l'action.

Common sense en anglais, « sens commun » en français

Au XVIIIe siècle, pour réagir contre l'idéalisme ou le scepticisme de ses contemporains, le philosophe écossais Thomas Reid réhabilite la perception et les vérités du sens commun : toute connaissance implique un jugement préalable. Cette attitude face à la réalité va de pair avec un sens de la communauté et est antérieure à la réflexion philosophique. Cette vision pragmatique de la vie a fait des émules chez les spécialistes du management et du développement personnel très introduits dans les instances européennes. Si la vie ordinaire est le mètre étalon de l'existence, il faut comparer nos pratiques pour parvenir au *welfare* - bien-être individuel et collectif - et développer les *good practices* à l'échelle du continent, comme Bruxelles nous y invite régulièrement.

Liberté, du latin *libertas*

Le mot s'est chargé de sens nouveaux à partir des Lumières, et singulièrement après la Déclaration des droits de l'homme et du citoyen de 1789. Il a été chanté par le poète et résistant Paul Éluard en 1942, et scandé par les étudiants en Mai 68. Pour saisir le sens originel du terme, il faut se référer à l'adjectif grec *eleutheros*, libre, en opposition à *doulos*, esclave. Synonyme de citoyen, il a une signification politique : l'homme libre, né d'une mère libre, est celui qui participe à la vie de la cité. Liberté et esclavage ont donc marché « main dans la main » dans l'histoire européenne jusqu'à l'abolition de l'esclavage, en 1833 en Angleterre, et en 1848 en France. À partir du XIIIe siècle, les libertés ou franchises arrachées aux puissants par les premières villes franches ont d'abord été collectives et politiques avant d'être individuelles et civiles et de déboucher sur la notion de libertés publiques, parmi lesquelles la liberté de conscience, la liberté d'expression et la liberté de culte figurent en bonne place (cf. L, p. 56-59). Le mot latin insiste lui sur l'absence de contrainte, la volonté d'agir ou de ne pas agir, et sur le libre arbitre. Notions que reprend Descartes dans ses *Méditations* en les laïcisant, et qui sont au centre de l'existentialisme selon Jean-Paul Sartre.

Vérité, du latin *veritas*

Elle est au centre de la démarche philosophique depuis l'Antiquité. Le mot a cherché à se dégager de son premier usage poétique, religieux et juridique pour devenir un concept en logique, dans le domaine de la connaissance, et dans celui de la réflexion sur l'être, avant d'entrer dans le vocabulaire scientifique. Mais sans s'être débarrassé pour autant de ses ambiguïtés. Car, sous son histoire commune aux différentes langues européennes, trois modèles hétérogènes subsistent. Dans la tradition hébraïque, le mot *èmèt* nomme l'alliance nouée avec Dieu et la confiance en la promesse (cf. le *truth* anglais). Dans la pensée grecque, le mot *alêtheia* est construit, avec un « a » privatif, sur le rapport à ce qui est caché, oublié. Dans la tradition latine, le mot désigne le bien-fondé de la règle, de la norme, gardée par une institution légitime. Le Nouveau Testament ose une synthèse de ces trois visions de la vérité : la Révélation, l'incarnation du Fils qui réalise la promesse du Père et fonde l'Église. Au XIIe siècle, le philosophe arabe de Cordoue, Ibn Rushd, dit Averroès, préfère parler de « *double vérité* » révélée et rationnelle.

Das Unheimliche a été choisi par Sigmund Freud, l'inventeur de la psychanalyse, pour désigner une découverte inséparable de celle de l'inconscient : le refoulement des traumatismes et des complexes infantiles. Marie Bonaparte, une des premières traductrices de Freud en français, a renoncé à partir du sens de *heimliche*, « familier », dans la mesure où *unheimliche*, son contraire, fait référence au familier devenu étranger et effrayant parce qu'il a été caché, dissimulé, oublié. Elle a rendu cet adjectif substantivé par « *l'inquiétante étrangeté* ». Pour expliquer cette notion, la philosophe Barbara Cassin, qui a dirigé les travaux du *Vocabulaire européen des philosophies* (3), emploie l'image de l'angoisse d'un être qui se rend compte qu'il n'est même pas maître chez lui.

À découvrir

- Françoise Collin, Évelyne Pisier, Eleni Varikas, *Les Femmes, de Platon à Derrida. Anthologie critique*, Plon, 2002.
- *Vladimir Jankélévitch, Un homme libre, L'immédiat, La tentation*, CD, Frémeaux & Associés, 2002.
- *L'Abécédaire de Gilles Deleuze*, de Pierre-André Boutang et Claire Parnet. Notamment le « H comme Histoire de la philosophie », DVD, éditions Montparnasse, 2004. Gilles Deleuze est, avec François Châtelet et Michel Foucault, à l'origine de la création du département de philosophie de l'université de Vincennes, après les événements de Mai 68.

(1) *Ainsi parlait Zarathoustra*, suivi d'*Ecce Homo*, a été réédité en 2008 avec une préface de Roger Pol-Droit dans une coédition Le Monde de la philosophie-Flammarion.

(2) Ainsi le philosophe d'origine persane et turque Al Farabi, qui a vécu à Bagdad et à Damas au Xe siècle, reconnaît que « *la philosophie vraie* » vient de Platon et d'Aristote, eux-mêmes traduits en arabe par des chrétiens. Et au XIIIe siècle, le franciscain Roger Bacon plaide auprès du pape pour ouvrir des écoles de langues grecques et orientales afin de ne pas être tributaire de traductions successives qui affadissent le sens des textes.

(3) *Dictionnaire des intraduisibles*, 2004, Le Seuil/Le Robert. Ce vocabulaire, qui présente 400 entrées, a réuni plus de 150 spécialistes. Comme l'explique Barbara Cassin dans sa présentation, il parie, face à la langue véhiculaire qu'est l'anglais, sur le maintien de la pluralité des langues en Europe « *en rendant manifestes à chaque fois le sens et l'intérêt des différences, seule manière de faciliter réellement la communication entre les langues et les cultures* » (cf. T, p. 94-97).

BIBLIOGRAPHIE

Une sélection d'ouvrages et de sites de référence sur l'Europe et ses différentes facettes.

I. OUVRAGES

SUR L'HISTOIRE DE L'EUROPE

—

Jacques Le Goff,
L'Europe expliquée aux jeunes, Seuil, 2007.

—

Hagen Schulze,
État et Nation dans l'histoire de l'Europe, Seuil, 1996.

—

Tony Judt,
Après-guerre, Une histoire de l'Europe depuis 1945, traduit de l'anglais par Pierre-Emmanuel Dauzat, Armand Colin, 2007.

SUR LA CONSTRUCTION EUROPÉENNE

—

Sylvie Goulard,
L'Europe pour les nuls. L'Union européenne, son histoire, ses ambitions, éditions First, 2007.

—

Bino Olivi et Alessandro Giacone,
L'Europe difficile, Histoire politique de la construction européenne, collection « Folio Histoire », Gallimard, 2007.

—

Sous la direction de Bronislaw Geremek et de Robert Picht,
Visions d'Europe, Odile Jacob, 2007.

SUR LES RELIGIONS, L'ART, LA LITTÉRATURE, LA CULTURE

—

Sous la direction de Frédéric Lenoir et Ysé Tardan-Masquelier,
Encyclopédie des religions, Bayard, 2000.

—
E. H. Gombrich,
Histoire de l'art, Phaidon, 2001.
—
Entretiens de George Steiner avec Cécile Ladjali,
Éloge de la transmission,
Albin Michel, 2003.

II. SITES ET BLOGS DE RÉFÉRENCE

SITES

—
Le portail de l'Union européenne
http://europa.eu/index_fr.htm
—
Le site du Centre français d'information sur l'Europe
http://www.touteleurope.fr/
—
Le portail Européens d'arte.tv
www.arte.tv/europe

BLOGS

—
Le blog du correspondant de « Libération » à Bruxelles
http://bruxelles.blogs.liberation.fr/
—
Le blog du secrétaire d'État français chargé des Affaires européennes
http://www.jpjouyet.eu/
—
Le blog du Collège d'Europe
http://blogs.arte.tv/Leurope_en_debat
—
L'Europe en blogs
http://blogs.arte.tv/Leurope_en_blogs

—

INDEX THÉMATIQUE

Ouvrage réalisé par le studio graphique des Éditions du Rouergue
Mise en page : Frédéric Rey

Achevé d'imprimer en août 2008 sur les presses de Ecograf (Andorre)
ISBN : 978 2 8415 6961 8 / Dépôt légal : octobre 2008
Loi n° 49-956 du 16 juillet 1949 sur les publications destinées à la jeunesse